Sicher anlegen statt sparen

Werner Stubenrauch

Sicher anlegen statt sparen

Vermögen aufbauen und mehrfach verdoppeln

Unter Mitwirkung von Wilfried Stubenrauch

Werner Stubenrauch
Schortens, Deutschland

ISBN 978-3-658-43492-2   ISBN 978-3-658-43493-9   (eBook)
https://doi.org/10.1007/978-3-658-43493-9

Die Deutsche Nationalbibliothek verzeichnet diese Publikation in der Deutschen Nationalbibliografie; detaillierte bibliografische Daten sind im Internet über https://portal.dnb.de abrufbar.

© Der/die Herausgeber bzw. der/die Autor(en), exklusiv lizenziert an Springer Fachmedien Wiesbaden GmbH, ein Teil von Springer Nature 2024

Das Werk einschließlich aller seiner Teile ist urheberrechtlich geschützt. Jede Verwertung, die nicht ausdrücklich vom Urheberrechtsgesetz zugelassen ist, bedarf der vorherigen Zustimmung des Verlags. Das gilt insbesondere für Vervielfältigungen, Bearbeitungen, Übersetzungen, Mikroverfilmungen und die Einspeicherung und Verarbeitung in elektronischen Systemen.

Die Wiedergabe von allgemein beschreibenden Bezeichnungen, Marken, Unternehmensnamen etc. in diesem Werk bedeutet nicht, dass diese frei durch jedermann benutzt werden dürfen. Die Berechtigung zur Benutzung unterliegt, auch ohne gesonderten Hinweis hierzu, den Regeln des Markenrechts. Die Rechte des jeweiligen Zeicheninhabers sind zu beachten.

Der Verlag, die Autoren und die Herausgeber gehen davon aus, dass die Angaben und Informationen in diesem Werk zum Zeitpunkt der Veröffentlichung vollständig und korrekt sind. Weder der Verlag noch die Autoren oder die Herausgeber übernehmen, ausdrücklich oder implizit, Gewähr für den Inhalt des Werkes, etwaige Fehler oder Äußerungen. Der Verlag bleibt im Hinblick auf geografische Zuordnungen und Gebietsbezeichnungen in veröffentlichten Karten und Institutionsadressen neutral.

Planung/Lektorat: Irene Buttkus
Springer ist ein Imprint der eingetragenen Gesellschaft Springer Fachmedien Wiesbaden GmbH und ist ein Teil von Springer Nature.
Die Anschrift der Gesellschaft ist: Abraham-Lincoln-Str. 46, 65189 Wiesbaden, Germany

Wenn Sie dieses Produkt entsorgen, geben Sie das Papier bitte zum Recycling.

Vorwort von Stephen Rehmke

Liebe Leserinnen und Leser,

Sie halten ein kenntnisreiches, informatives und durch viele Erfahrungen seines Autors bereichertes Buch zu grundlegenden Fragen der Kapitalanlage und der Altersvorsorge in den Händen. Es wird Ihnen nicht nur helfen, eine Übersicht zu gewinnen, sondern Sie können Ihr Wissen auch vertiefen, bekommen Unterstützung beim Nachrechnen und finden kritische Betrachtungen zur Finanzwelt und ihren diversen Angeboten.

Auf der Grundlage dieser Informationen können Sie die richtigen Entscheidungen für Ihre Vermögensentwicklung treffen – ein Bereich, in dem gute und unabhängige Beratung schwer zu finden ist, man oft auf sich allein gestellt ist und der trotzdem immens die eigene Lebensgestaltung beeinflusst.

Wenige Monate vor Fertigstellung dieses Buches plante die EU-Kommission mit einem weit aufgestellten Maßnahmenpaket, die Situation von Kleinanlegerinnen und Kleinanlegern zu verbessern. Man wollte ihnen helfen, bessere und auf ihre Bedürfnisse abgestellte Anlageentscheidungen zu treffen und sie vor unfairer Behandlung und Übervorteilung durch Finanzunternehmen schützen. Erklärtes Ziel war es, das Vertrauen privater Anleger in die Kapitalmärkte zu stärken und ihnen höhere Renditen zu ermöglichen.

Diese EU-Kleinanlegerstrategie sieht unter anderem vor, die Informationen über Anlageprodukte zu vereinheitlichen und aussagekräftiger zu gestalten, insbesondere die für die Ertragskraft eines Anlageprodukts maßgeblichen Kosten transparenter und vergleichbarer auszuweisen. Vergleichsmaßstäbe sollen dazu beitragen, dass Anleger die tatsächliche Renditefähigkeit eines Anlageprodukts vor seinem Markteintritt konkreter beurteilen können. Die Verbraucherinnen und Verbraucher sollen vor irreführendem Marketing bewahrt werden. Die Standards der beruflichen Qualifikationen von Anlagevermittlern sollen angehoben und die Finanzkompetenz der Bürgerinnen und Bürger in Europa gestärkt werden.

Gleichzeitig hat die EU-Kommission mit ihrer Strategie ein Kernproblem des hiesigen Beratungsgeschäftes in den Fokus genommen, nämlich die Interessenskonflikte, denen Finanzvermittler unterliegen: Auf der einen Seite sollen sie ihre Kunden redlich und bedarfsorientiert beraten, aber auf der anderen Seite hohe finanzielle Anreize in Form von Provisionen durch die Anbieter bekommen, wenn sie ganz bestimmte Finanzanlagen empfehlen und vermitteln. Diesen Interessenskonflikt behandelt auch der Autor Werner Stubenrauch im Buch.

Die Kleinanlegerstrategie fußt auf Erkenntnissen, die im Rahmen von Umfragen und Studien zum europäischen Kapitalmarkt gewonnen wurden. Erhellend ist danach vor allem die Feststellung, dass Privatkunden in der EU im Vergleich zu anderen großen Volkswirtschaften sich nur in geringem Umfang an den Kapitalmärkten beteiligen, also Aktien, Aktienfonds oder Anleihen erwerben. Stattdessen werden Spareinlagen mit niedriger Rendite bevorzugt. Auch darauf geht dieses Buch ausführlich ein und zeigt den Leserinnen und Lesern, wie sie eigenständig auf einfache Weise ihre Rendite berechnen können, ohne Finanzinstituten und Beratern „blind" glauben zu müssen.

Die EU-Kommission konstatiert, dass gerade langfristige Investitionen an den Aktienmärkten erhebliche Gewinne erzielen können, viele private Anlegerinnen und Anleger jedoch diese Chance verpassen, weil sie schlicht in ungeeignete Anlageprodukte investieren. Wie kommt es zu dem Missverhältnis zwischen möglicher hoher Rendite einerseits und der häufigen Investition in renditeschwache Produkte? Nach den Erkenntnissen der Studien ist es vor allem auf mangelndes Vertrauen der Anleger in die Kapitalmärkte zurückzuführen.

Fast die Hälfte der Verbraucherinnen und Verbraucher haben Zweifel, dass die Beratung von Finanzvermittlern und Anlageberatern wirklich ihren Interessen dient. Zusätzlich können sie nicht überblicken, ob die Ratschläge und Empfehlungen ihres Finanzberaters den qualitativen Anforderungen an eine anleger- und anlageorientierte Beratung entsprechen.

Das ist häufig nicht der Fall. Die EU hat ermittelt, dass Privatanlegerinnen und -anleger übermäßig oft Kapitalanlagen erworben und Dienstleistungen in Anspruch genommen haben, die mit hohen Provisionen und Gebühren belastet waren. Im Durchschnitt wurden ihnen rund 40 % mehr an Kosten berechnet als institutionellen Anlegern.

Verbraucherinnen und Verbraucher laufen also kontinuierlich Gefahr, zu teure und damit auch unrentable Geldanlageprodukte zu erwerben. Da Kleinanlegerprodukte in Europa überwiegend über provisionsbasierte Verkaufsmodelle vertrieben werden, liegen die Zusammenhänge auf der Hand: In der Provisionsberatung werden vorzugsweise Produkte mit den höchsten Provisionen für die Berater angepriesen, wobei die Interessen der Kundinnen und Kunden nur von untergeordneter Bedeutung sind.

Ein eindrückliches Beispiel für die enormen Interessenskonflikte, die auf den Privatkundenmarkt einwirken, ist der Vertrieb von *Lebensversicherungen*. Dieses Anlageprodukt – ob als klassische Kapitallebensversicherung oder fondsgebundene Lebensversicherung – ist schlicht unrentabel, worauf der

Vorwort von Stephen Rehmke

Bund der Versicherten schon seit mehreren Jahrzehnten hinweist. Der Autor rechnet es in diesem Buch konkret nach.

Lebensversicherungen haben zu hohe Kosten, sie erzielen in der Kapitalanlage nur vergleichsweise magere Renditen und sie sind unflexibel. Zuletzt schlugen die Renditen der Lebensversicherungen nicht einmal mehr die langfristige Inflationsrate. Das Verlustrisiko ist hoch und ein vorzeitiger Ausstieg oft mit erheblichen Einbußen verbunden, denn häufig erreichen die bei einer Kündigung auszuzahlenden Rückkaufswerte nicht einmal die Summe der eingezahlten Beiträge. Und doch erreichen Lebensversicherungen nach wie vor hohe Verkaufszahlen. Grund sind die hohen Provisionen, die häufig deutlich über 12 % liegen.

Da Provisionen auch in anderen Marktsegmenten mittlerweile völlig aus dem Ruder gelaufen sind und als maßgebliche Kostentreiber Hoffnungen der Verbraucher auf eine angemessene Rendite zunichtemachen, wollte die EU-Kommission das Treiben endgültig beenden und im Rahmen der EU-Kleinanlegerstrategie ein generelles Provisionsverbot erlassen. Damit könnte sich die Finanzberatung unabhängig von bestimmten Verkaufsvorgaben machen und stärker auf Kundeninteressen konzentrieren.

Doch das entspricht nicht der Interessenslage der großen Vertriebsunternehmen! Diese setzten prompt ihre millionenschweren Lobbystrukturen in Bewegung, um massiv Einfluss auf die Pläne der EU-Kommission zu nehmen. Deutsche Finanzpolitiker machten unmissverständlich klar, dass sie an dem Provisionsmodell festhalten und sich gegen jegliche Verbotsbemühungen wenden würden. Schließlich verkündete die EU-Finanzkommissarin, von einem kompletten Provisionsverbot absehen zu wollen. Durch diesen Erfolg bestärkt, argumentiert die Finanzindustrie mittlerweile auch gegen weitere Bestandteile der EU-Kleinanlegerstrategie.

Es wird also noch einige Zeit brauchen und es müssen noch viele Widerstände überwunden werden, bis die Politik für Privatleute ein Umfeld geschaffen hat, das sie bei dem so wichtigen eigenständigen Vermögensaufbau wirklich unterstützt. So lange bleibt Ihnen nur die Selbsthilfe, wenn Sie sich um Ihre private Altersvorsorge und Vermögensbildung kümmern wollen.

Der Bund der Versicherten möchte als Verbraucherschutzverein mit seiner Aufklärung und seiner Beratung die richtige „Hilfe zur Selbsthilfe" geben. In diesem Sinne trägt auch das Buch unseres langjährigen Mitglieds Werner Stubenrauch dazu bei, private Anleger ehrlich und unabhängig in Sachen Vermögensaufbau zu informieren. Sie bekommen Informationen und Einschätzungen, die Sie benötigen, um eigenständig Ihre Altersvorsorge und Ihre Vermögensbildung zu planen und umzusetzen.

Ich wünsche Ihnen dabei viel Erfolg und eine erkenntnisreiche Lektüre.
Stephen Rehmke, Vorstandssprecher
Bund der Versicherten e. V.
► www.bundderversicherten.de

Stephen Rehmke
Hamburg, im Juli 2024

Einführung

Vor einigen Jahren unterhielt ich mich mit einem von mir persönlich geschätzten Banker. Als ich ihm sagte, dass man aus „nichts" ein Vermögen aufbauen könne, man müsse nur flüssig sein – und man brauche dafür nicht einmal eigenes Geld, erwiderte er: Das wisse er schon lange.

Es entspricht den Tatsachen, dass es im Grunde einfach ist, ein Vermögen aufzubauen, auch als Durchschnittsverdiener – und doch gehört das Wie anscheinend zu den bestgehüteten Geheimnissen der Finanzbranche, die sie nicht gerne (oder überhaupt nicht) mit ihren Kunden teilen mag.

Wenn Sie zu diesem Buch gegriffen haben, dann kreisen Ihre Gedanken vermutlich um „Vermögensbildung" und „Altersvorsorge" – und das vor dem Szenario einer steigenden Inflation, der derzeitigen Bankenkrise und der massiven Energieverteuerungen der letzten Jahre. Der eine fragt sich, welche Geldanlagen heutzutage noch „sicher" und einigermaßen lohnend sind, der andere fragt sich, wie er in Anbetracht der steigenden Kosten überhaupt noch Rücklagen für das Alter bilden kann.

Für die meisten dürfte die Altersvorsorge ein notwendiges Übel sein – eines, dem man am liebsten aus dem Weg gehen möchte. Schon das Thema „Rente" wird mehr und mehr zu einem Reizwort für viele, denn mittlerweile ist offensichtlich, dass die gesetzlichen Renten immer weiter absinken, trotz hoher Beiträge von derzeit fast 20 % des Einkommens. Viele beziehen schon jetzt Renten knapp über oder sogar am Existenzminimum, obwohl sie ihr Leben lang gearbeitet und in die Rentenkasse eingezahlt haben. Vor allem aber ist absehbar, dass die jetzigen Beitragszahler in den kommenden Jahrzehnten noch weniger Geld erhalten als die heutigen Rentner.

> Dieses Buch möchte beide Gruppen abholen: Diejenigen, die schon ein kleines (oder größeres) Vermögen besitzen und auf der Suche nach Renditen bzw. Zinsen sind, die sich heutzutage wirklich noch lohnen, und diejenigen, die für ihr Alter privat vorsorgen möchten, um ihre gesetzliche Rente aufzubessern – und auch diejenigen, die eine Kombination von beidem anstreben.

Es ist tatsächlich einfach, ein Vermögen aufzubauen, wenn man Geduld mitbringt, langfristig handelt – und wenn man gewisse Klippen und Fallen von Geldanlageprodukten meidet, die die Finanzbranche uns seit Jahrzehnten verkauft. Viele Anleger vertrauen ihren Banken und Versicherungen blind, weil sie die Kriterien für die Beurteilung von Angeboten nicht kennen und weil sie auf vielversprechende Produkte oftmals gar nicht aufmerksam gemacht werden oder sie aufgrund von Vorbehalten ablehnen. Zu den Fallen gehören auch gewisse Ansichten, vor allem die über eine falsch verstandene „Sicherheit" bei der Vermögensbildung.

Dieses Buch bringt Ihnen die notwendigen Erkenntnisse in anschaulicher und einfacher Weise nahe, damit Sie selber darüber entscheiden können, was mit Ihrem Geld passiert, und nicht mehr länger die Aussagen von Finanzinstituten ungeprüft glauben müssen. Sie lernen die Kriterien kennen, anhand derer Sie die Qualität von Ihnen angebotenen Anlageprodukten beurteilen können, wobei auch Inflation und Steuer eine Rolle spielen, denn Renditen oder Zinsen müssen eine gewisse Höhe haben, um trotz dieser beiden unvermeidlichen Faktoren noch lohnend zu sein.

Vor allem lernen Sie Anlageprodukte kennen, die sich wirklich rentieren und die jedermann und jedefrau für sich nutzen kann, gleich ob er oder sie nur kleine monatliche Raten anspart oder bereits über ein größeres Vermögen verfügt. Nicht zuletzt lernen Sie das kennen, was ich das „wundersame Gesetz der Geldvermehrung" nenne, nämlich den Zinseszins, den zwar fast jeder dem Namen nach kennt, doch mit dessen Auswirkungen sich die wenigsten jemals wirklich beschäftigt haben.

Mit einem Wort: Sie erfahren, wie Sie Ihr Geld für sich arbeiten lassen können, anstatt für Geld arbeiten zu gehen. Mit einigen kinderleichten Berechnungen und einfachen Onlinerechnern im Web können Sie dann selbst nachrechnen, wie sich Ihr angelegtes Geld in Zukunft entwickeln und in welchen Zeiträumen es sich mehrfach verdoppeln wird. Auf diese Weise können Sie Ihr Anlageziel festlegen und es konsequent ansteuern.

Im Einzelnen ist dieses Buch folgendermaßen aufgebaut:

- In ▶ Kap. 1 lernen Sie den Zinseszinseffekt kennen und erfahren, mit welcher einfachen Faustregel Sie stets die Rendite von Anlageprodukten, die man Ihnen anbietet, in Sekundenschnelle überschlagen können.
- In ▶ Kap. 2 schauen wir uns an, warum es uns oft an Wissen über Finanzen fehlt und warum man Banken und Versicherungen nicht ohne Weiteres einfach vertrauen kann.
- In ▶ Kap. 3 werfen wir einen ersten Blick auf lohnende Anlagen: die Aktienfonds. Das Kapitel ist eine grundlegende Einführung in das Thema und befasst sich vor allem eingehend damit, ob und inwieweit eine Anlage in Aktienfonds „sicher" ist.

Einführung

- In ▶ Kap. 4 werden sämtliche gängigen Geldanlageprodukte von Banken und Versicherungen kritisch durchleuchtet. Wir schauen uns an, ob und inwiefern sich Sparbücher, Festgeld, Bausparen und diverse Versicherungen wie die Kapitallebensversicherung, die Betriebsrenten, die Riester-/Rürup-Rente usw. für eine private Altersvorsorge bzw. für die Vermögensbildung eignen.
- In ▶ Kap. 5 werden die Erkenntnisse aus ▶ Kap. 3 vertieft: Sie erfahren, welche aktiven Aktienfonds wirklich gut sind und woran Sie dies erkennen. So können Sie für sich entscheiden, wo Sie Ihr Geld anlegen wollen.
- In ▶ Kap. 6 lernen Sie clevere Anlagestrategien kennen, mit denen Sie den Vermögensaufbau beschleunigen oder vereinfachen können, ohne einfach nur „mehr Geld" zu sparen.

Danksagung

Für die tatkräftige Unterstützung bei der überarbeiteten Neuauflage meines Buches danke ich in erster Linie Frau Dr. Sonja Ulrike Klug, The Expert in Publishing Books®, aus Bad Honnef – dafür, dass sie sich sehr intensiv in die verhältnismäßig schwierige Materie eingearbeitet hat, um diese für „ganz normale" Menschen versteh- und begreifbar zu machen. Es war nicht nur die redaktionelle Bearbeitung des Textes und die teilweise Neuschrift des Manuskriptes, sondern ich betrachte es inzwischen als einen Wink des Schicksals, dass sie den wohl größten wissenschaftlich orientierten Verlag Deutschlands als Herausgeber gewinnen konnte.

Weiter gilt ein großes Dankeschön meinem Sohn Wilfried, der mich als Finanzberater mit Berechnungen, Tabellen und Grafiken sowie mit Rat und Tat maßgeblich unterstützt hat.

Nicht zuletzt gilt mein Dank meiner Frau Hildegard, die mir den Rücken freigehalten hat, sowie meiner ganzen Familie samt Enkeltochter, die mir immer wieder Mut zugesprochen haben, „dran" zu bleiben.

Mein besonderer Dank gilt auch verschiedenen guten Freunden und Bekannten, die an mich geglaubt sowie mir mit Rat und Tat treu zur Seite gestanden haben. Stellvertretend für diese möchte ich einen Namen besonders hervorheben: Ute Eden, Inhaberin des Frieslandstern in Horum/Wangerland. Der Name des direkt hinter dem Deich zur Nordsee hin gelegenen Familienhotels spricht bereits für die große Strahlkraft dieses Unternehmens. Ihr persönliches Credo lautet: „Alles wird gut".

Außerdem möchte ich dem Verbraucher-Anwalt Herrn Stephen Rehmke danken, dass er sich im Namen des Bundes der Versicherten die Zeit genommen hat, das Vorwort zu diesem Buch zu schreiben.

Mein fester Glaube an eine höhere Intelligenz, die viele auch Gott nennen, hat mich stark gemacht, um diese Aufgabe im Alter von nunmehr 88 Jahren noch zu bewältigen – und vor allem nicht aufzugeben.

Haftungsausschluss/Disclaimer

Die in diesem Buch vorgestellten Ratschläge sind nicht als juristische, steuerliche oder Anlage- bzw. Vermögensberatung zu verstehen. Dieses Buch ist ein informatives Nachschlagewerk, welches Lesern helfen soll, Finanzprodukte und Angebote als mögliche Kapitalanlage besser zu verstehen. Weder der Autor noch der Verlag sind für die individuellen Geldanlageentscheidungen des Lesers verantwortlich und daher in keinster Weise haftbar. Lesern wird empfohlen, vor dem Kauf jedweder Geldanlagen individuellen, fachlichen, juristischen und/oder steuerlichen Rat einzuholen. Autor und Verlag gehen nach bestem Wissen und Gewissen davon aus, dass die Angaben und Informationen in diesem Werk zum Zeitpunkt der Veröffentlichung korrekt sind. Autor und Verlag übernehmen ausdrücklich keine Gewähr für den Inhalt oder die Äußerungen in diesem Buch, für deren Vollständigkeit oder trotz aller Sorgfalt für etwaige Fehler.

- **Hyperlinks**

Dieses Buch enthält sorgfältig ausgewählte Verlinkungen. Alle Verlinkungen wurden bei Redaktionsschluss (31. März 2024) vom Autor sorgfältig überprüft und waren zu diesem Zeitpunkt aktuell und valide.

Für Veränderungen, die die Betreiber der angesteuerten Webseiten nach dem 31. März 2024 an ihren Inhalten vornehmen oder für mögliche Entfernungen solcher Inhalte übernehmen Autor und Verlag explizit keinerlei Gewähr.

Zudem haben der Verlag und die Autoren auf die Gestaltung und die Inhalte der externen verlinkten Seiten keinerlei Einfluss genommen und machen sich deren Inhalte nicht zu eigen.

Inhaltsverzeichnis

1	**Das goldene Gesetz der Geldvermehrung – exponentielles Wachstum nutzen**	1
1.1	Der Zinseszins-Effekt – einfach, aber massiv unterschätzt	2
1.2	Eine einfache Faustregel zur Vermögensverdopplung	3
1.3	Zeit – der entscheidende Faktor zur Vermögensbildung	9
2	**Wie die Deutschen sich arm sparen**	13
2.1	Ein Blick auf Geldvermögen und Sparverhalten	14
2.2	Mangelndes Wissen über Finanzen begünstigt Armut	18
2.3	Schlecht beraten und verkauft – schwache Kundenorientierung bei Finanzinstituten	23
3	**Die Welt der Aktien und Fonds**	37
3.1	Einzelaktien, Aktien- und Investmentfonds – die Fakten	38
3.2	Aktive versus passive Investmentfonds	43
3.3	Risikobetrachtung: Wie sicher sind Aktien und Aktienfonds?	49
4	**Festverzinslich und schlechtverzinslich – die Ratlosigkeit der Sparschweine**	61
4.1	Inflation, die „grausamste Steuer"	62
4.2	Steuern auf Kapitalerträge	67
4.3	Ebbe im Geldbeutel mit Anlagen „zum Nulltarif"	75
4.4	Unsicher versichert – private Altersvorsorge auf Abwegen	84
5	**Invest in Best – Aktienfonds und ihre Wertentwicklung**	107
5.1	Das Sechseck jeder erfolgreichen Kapitalanlage	108
5.2	Ein Beispiel für die Entwicklung eines Aktienvermögens	111
5.3	Die besten Aktienfonds im Vergleich	116
5.4	Dachfonds – Beteiligungen an „Tausendfüßlern"	128
6	**Vermögensaufbau durch clevere Anlagestrategien**	131
6.1	Value Investing – günstige Zeitpunkte nutzen	132
6.2	Der Leverage-Effekt – durch Hebelung den Vermögensaufbau beschleunigen	136

6.3	Mit dem Cost-Average-Effekt die Rendite steigern	140
6.4	Das Core-Satellite-Prinzip – Vermögensaufteilung mit kalkulierbarem Risiko	142
6.5	Entwicklung eines Aktiendepots bei regelmäßigen Entnahmen	143
7	**Nachwort**	149

Serviceteil

Anhang	154
Literatur	155

Über den Autor

Werner Stubenrauch
ist Diplom-Finanzwirt (FH), Steuerberater im Ruhestand und ehemaliger vereidigter Buchprüfer. Vor seiner Selbstständigkeit als Steuerberater wurde er von der Niedersächsischen Finanzverwaltung in der gehobenen Laufbahn zum Steuerinspektor ausgebildet. Obwohl er bereits zum Beamten auf Lebenszeit ernannt war, wandte er sich nach 11-jähriger Tätigkeit im Öffentlichen Dienst der freien Wirtschaft zu.

Er gehört dem „Deutschen Verband vermögensberatender Steuerberater e.V." (DVVS) an und ist seit 2013 zudem zertifizierter Berater für betriebliche Altersvorsorge. 2012 publizierte er unter dem Titel „So schaffen Sie Vermögen. Der einfache und effiziente Weg zu mehr Wohlstand" (Kulmbach) sein erstes Buch.

Zu seinen Erkenntnissen über das „Gesetz der Geldvermehrung" fand er, nachdem er selbst durch den falschen Rat einer Bank viel Geld verlor und damit seine eigene Alterssicherung beinahe komplett verloren hätte. Sein Anliegen ist es, möglichst vielen Menschen ein finanzielles Grundwissen und einen Weg zu einer sicheren, strukturierten Vermögensplanung zu vermitteln, damit sie ihr Erspartes auf einfache und effiziente Weise langfristig mehren, idealerweise mehrfach verdoppeln können.

Blog und Website: ▶ https://meine-vermoegensbildung.de/
Facebook: ▶ https://www.facebook.com/meine.vermoegensbildung/

Das goldene Gesetz der Geldvermehrung – exponentielles Wachstum nutzen

Inhaltsverzeichnis

1.1   Der Zinseszins-Effekt – einfach, aber massiv unterschätzt – 2

1.2   Eine einfache Faustregel zur Vermögensverdopplung – 3

1.3   Zeit – der entscheidende Faktor zur Vermögensbildung – 9

„Der Zinseszinseffekt ist die größte mathematische Entdeckung aller Zeiten."
(Albert Einstein)

© Der/die Autor(en), exklusiv lizenziert an Springer Fachmedien Wiesbaden GmbH,
ein Teil von Springer Nature 2024
W. Stubenrauch, *Sicher anlegen statt sparen*,
https://doi.org/10.1007/978-3-658-43493-9_1

1.1 Der Zinseszins-Effekt – einfach, aber massiv unterschätzt

- **Wie mir 400.000 DM entgingen – mein Schlüsselerlebnis**

Ihnen als Leser möchte ich nahebringen, welches Erlebnis mich dazu gebracht hat, über den Horizont der Geldanlage hinauszudenken, den uns Banken und Versicherungen gerne nahelegen: Zur Finanzierung unseres Einfamilienhauses, das damals (1968) 100.000 DM kostete, nahmen meine Frau und ich u. a. ein Darlehen in Höhe von 40.000 DM auf. Wir bekamen das Geld von einer Versicherungsgesellschaft mit der Verpflichtung, es nach 30 Jahren in einer Summe zurückzuzahlen. Es handelte sich also um ein sogenanntes „endfälliges Darlehen".

Im Gegenzug schloss ich eine Kapitallebensversicherung über die gleiche Summe mit einem monatlichen Beitrag von 102 DM ab. Der Beitrag enthielt sowohl einen Risiko- als auch einen Sparanteil. Dadurch, so sagte man mir, könnte im Falle meines vorzeitigen Ablebens das Darlehen aus der Todesfallsumme abgelöst werden. Für meine Familie war somit Vorsorge getroffen, und im Erlebensfall hätte sich genügend Kapital angesammelt, um das Darlehen daraus zurückzuzahlen. Möglicherweise ergäbe sich daraus sogar ein Überschuss, der dann zu meiner freien Verfügung stünde.

Im Jahr 1998 konnte ich feststellen, dass meine Rechnung aufgegangen war – wobei mir natürlich bewusst ist, dass dieses „Finanzierungsmodell" seit der Bankenkrise 2009, den rapide veränderten Kapitallebensversicherungen und den niedrigen Guthabenzinsen in dieser Form heute nicht mehr möglich wäre. Es ergab sich seinerzeit eine Ablaufsumme von ca. 89.000 DM. Da wir nur 40.000 DM zurückzuzahlen brauchten, blieben knapp 50.000 DM Überschuss zu unserer freien Verfügung – eine Wohltat, die wir dankend annahmen.

Für mich war die Welt damals in Ordnung – bis ich berufsbedingt als Steuerberater und Finanzwirt anfing, mich intensiv mit der Geldanlage in Aktienfonds auseinanderzusetzen. Ich stellte mir die Frage: **Was wäre denn dabei herausgekommen, wenn ich 102 DM monatlich „anders" angelegt, und zwar in einen internationalen Aktienfonds eingezahlt hätte?** Das Ergebnis war für mich ebenso ernüchternd wie schockierend:

Statt der Ablaufsumme von 89.000 DM hätten wir eine Summe von 482.000 DM bekommen, also fast 400.000 DM mehr! Zur damaligen Zeit hätte man für dieses Geld noch zwei oder drei weitere Einfamilienhäuser erwerben können.

Ich fand heraus, dass es sehr viel vorteilhafter gewesen wäre, wenn ich anstatt einer Kapitallebensversicherung lediglich eine Risikolebensversicherung abgeschlossen hätte, um meine Familie für den Fall meines frühzeitigen Ablebens abzusichern. Bei einer solchen „Todesfallversicherung" wird kein Kapital angespart, sondern lediglich im Todesfall den Angehörigen die vertraglich vereinbarte Summe ausbezahlt. Eine solche Versicherung hätte seinerzeit nur 5 DM monatlich gekostet. Wenn ich die restlichen 97 DM stattdessen in einen Aktienfonds investiert hätte, wären nach 30 Jahren ebenjene 482.000 € herausgekommen, die meiner Familie und mir nun leider entgangen sind (mehr zum Thema Aktienfonds in ▶ Kap. 3 und 5).

Bei einer einmaligen Anlage eines beliebig hohen Betrages in einem gut performenden Aktienfonds, wie z. B. dem Fondak, hätte sich von Januar 1951 bis Dezember 2023 ein Wertzuwachs von ca. 90.000 % ergeben. Bei einer Anlage in Höhe von 1000 € (ca. 2000 DM) hätte das zu einem Ergebnis in Höhe von 904.000 € geführt. Dies entspricht einer durchschnittlichen Rendite pro Jahr in Höhe von 9,8 %. Dabei hätte *niemals* die Gefahr bestanden, das eingesetzte Kapital ganz oder teilweise zu verlieren. Dies zeigt: Die Vermögensvermehrung durch Aktienfonds-Sparen führt zu Ergebnissen, die kaum ihresgleichen findet und die auf den ersten Blick sogar „unwahrscheinlich oder unmöglich" erscheinen. Das liegt daran, dass wir den Zinseszinseffekt meist nicht bedenken.

Bei der Finanzierung unseres Hauses hatte ich nicht nur den Fehler gemacht, mich in Sachen Geldanlage auf den Rat der Versicherung zu verlassen, sondern ich hatte vor allem auch – wie die allermeisten Menschen – den Zinseszinseffekt völlig ignoriert.

1.2 Eine einfache Faustregel zur Vermögensverdopplung

■ **Die „kinderleichte" Welt der Zinseszinsrechnung**

Oberflächlich betrachtet, scheint nahezu jedermann und jedefrau den Zinseszinseffekt zu kennen. Doch die wenigsten Menschen können sich vorstellen, wie er sich langfristig auf ihre Geldanlage auswirkt. Lässt man nicht nur das Kapital einer Geldanlage stehen, sondern auch die darauf gezahlten Zinsen (die sogenannte „Thesaurierung"), so werden natürlich auch diese im weiteren Verlauf verzinst, sodass sich Zinseszinsen ergeben. Dabei überlegen sich jedoch nur die wenigsten Menschen, dass es die Zinseszinsen sind, die im Laufe der Jahre zu einem *exponentiellen Wachstum* des eingesetzten Kapitals führen.

Wir Menschen haben Schwierigkeiten, uns eine exponentielle Zunahme vorzustellen, weil wir meist nur *linear*, additiv, denken. Hier ein kleines Beispiel zu den Auswirkungen des exponentiellen Wachstums: Falten Sie ein Stück Papier auf der Hälfte. Falten Sie das gefaltete Papier nochmals in der Hälfte – und so fort, bis Sie das Ganze 50-mal gefaltet haben. Was glauben Sie, wie dick das Papier nach 50 Faltungen sein wird? 30 cm, 10 m oder vielleicht sogar 100 m?

Wenn das Blatt Papier nur einen Zehntelmillimeter dünn ist, beträgt seine Dicke nach 50 Faltungen *100 Mio. km (!)*, entspricht also der Distanz von der Erde zur Sonne. Das können Sie mit einem Taschenrechner nachrechnen.

Wir sind geneigt anzunehmen, dass wir bei 4 % Zinsen eben einfach doppelt so viel bekommen wie bei 2 %. Darum schenken wir auch dem Zinssatz bzw. der Rendite, den eine Geldanlage bringen könnte, oft nicht genug Aufmerksamkeit, besonders wenn es lediglich um „kleine" Summen geht und in der heutigen Zeit, in der Zinsen oftmals nur 2 oder 3 % (oder noch weniger) betragen. Wenn wir wüssten, wie viel Geld wir bei „nur" einem oder zwei Prozent Zins- bzw. Renditeunterschied langfristig verschenken, würden wir genauer hinschauen. Was es mit diesem Zinseszins wirklich auf sich hat und wie Sie ihn für sich nutzen, erfahren Sie nachfolgend.

> Rendite bedeutet **Ertrag oder Gewinn**. Dabei handelt es sich um den Kapitalertrag, den Sie mit einer Geldanlage erzielen können. Die Rendite wird in der Regel jährlich ermittelt und in Prozent angegeben. Bei Anlagen mit gleichbleibendem Gewinn spricht man meist von „Zins", bei Aktien und anderen Anlagen mit variablem Ertrag von „Rendite".

▪ Unsere Enkeltochter lernt die 72er-Regel kennen

Unsere 8-jährige Enkeltochter Kira lernte, den Zinseszinseffekt zu verstehen, als sie mit uns einen Wanderurlaub in Südtirol verbrachte. Da es für ein Kind manchmal recht langweilig ist, mit Oma und Opa die Berge hinauf- und wieder hinunterzukraxeln, nutzte ich die Zeit, um ihr unterwegs beiläufig etwas über die Zinseszinsrechnung zu erzählen. Zu meinem Erstaunen und meiner Freude ließ sich Kira ganz darauf ein – und lernte damit etwas Wichtiges für ihr weiteres Leben.

Unsere Kira hatte das Glück, dass sie dank eines kleinen Erbes ein für ihr Alter schon „großes" Bankguthaben von ca. 4000 € besaß. Darum rechneten wir mit ihr – im Kopf –, wie sich dieses Geld vermehren würde, wenn die Bank ihr jedes Jahr 3 % Zinsen gutschreiben und den jeweils zugeschriebenen

1.2 · Eine einfache Faustregel zur Vermögensverdopplung

◘ Tab. 1.1 Einfache Berechnung eines Zinssatzes

1 % von	100 €	=	1 €
1 % von	4000 €	=	40 €
3 % von	4000 €	=	40 € x 3 = 120 €

Zins auch wieder verzinsen würde. (Wir gingen dabei der Einfachheit halber von einer Anlage in Festgeld aus.)

Der Betrag ist natürlich einfach zu errechnen (siehe ◘ Tab. 1.1).

120 € wäre also der Betrag, den die Bank Kira im ersten Jahr gutschreiben würde. Dieser Betrag ließ sich im Kopf einfach errechnen, und so waren die ersten tausend Meter Anstieg schon mit Leichtigkeit erklommen, ohne dass Kira es gemerkt hatte. An diesem Punkt bleiben auch viele Menschen rechnerisch stehen, doch nun hieß es weiterzurechnen, um den Effekt im Ganzen mit seiner exponentiellen Wirkung zu erfassen und den Gipfel wirklich zu erklimmen.

Am Ende des ersten Jahres würde Kiras Guthaben 4120 € betragen. Wieviel würde sie nun im folgenden Jahr haben, wenn die Bank wiederum 3 % Zinsen ausgezahlt und Kira die 120 € nicht abgehoben hätte? Auf die 120 € bekäme Kira 3,60 €, wie sie selbst ausrechnete, und hätte schließlich 4120 € plus 123,60 €, also insgesamt 4243,60 €.

Die Zinsen für weitere Jahre im Kopf auszurechnen, wird natürlich immer mühsamer und geht bald nicht mehr ohne Taschenrechner. Doch ganz einfach wurde es auch für Kira wiederum, als ich ihr eine Faustformel zur Zinseszinsberechnung nannte, auf die ich selbst eher zufällig gestoßen bin. Dabei handelt es sich um die sogenannte 72er-Regel, die schon die Babylonier kannten, die sich aber heute nur selten und meist versteckt in der finanzwirtschaftlichen Fachliteratur findet (vgl. Spitzer und Singh 1999).

> **Die 72er-Faustregel zur Berechnung der Zinseszins-Wirkung bzw. des Verdoppelungszeitraumes für eingesetztes Kapital**
> 72, geteilt durch die Höhe des Zinssatzes, ergibt die Anzahl der Jahre, die nötig sind, damit sich das eingesetzte Kapital verdoppelt.

$$72 : Zinssatz\ in\ \% = Verdopplungszeitraum\ (VDZ)\ des\ Kapitals$$

(Anmerkung: Die Faustformel ist auf Jahre bemessen, nicht monatsgenau. Abzuführende Steuern sind dabei nicht berücksichtigt. Grundlage ist die Einmalanlage von Kapital, nicht das Ansparen.)

72 : 3 = 24. Das heißt, bei 3 % Zinsen braucht es 24 Jahre, bis aus 4000 € angelegtem Kapital 8000 € geworden sind. Diese Summe verdoppelt sich nun alle 24 Jahre, wenn sich der Zinssatz nicht verändert.

Die 72er-Regel hat auch Kira ganz schnell begriffen. Sie war damals 8 Jahre alt, und wenn sie 32 Jahre alt wäre, hätten sich ihre 4000 € verdoppelt. In weiteren 24 Jahren wäre ihr Kapital bereits auf 16.000 € angewachsen. Sie hätte also bereits über das Vierfache des ursprünglich angelegten Betrages verfügen können, ohne dafür arbeiten zu müssen.

Nun erzählte ich Kira, dass es verschiedene Arten der Geldanlage gäbe und sie eventuell auch mehr als 3 % Zinsen bekommen könnte. Das war für sie spannend und attraktiv. Wir legten bei unseren weiteren Überlegungen einen Zinssatz von 6 % zugrunde, wobei ich unserer Enkeltochter erklärte, dass sie Zinsen in dieser Höhe oder höher bekommen kann, wenn sie ihr Geld in große Unternehmen investiert, die mit dem Geld arbeiten und Gewinne machen, an denen sie wiederum beteiligt wäre. Diese Beteiligungen nennt man Aktien. Man könnte meinen, dass man bei 6 % (= 2 x 3 %) Zinsen nach 2 x 24 Jahren eben „das Doppelte" von 16.000 €, also 32.000 € hätte. Doch damit tappt man in die Falle des linearen Denkens und verkennt die Wirkung des Zinseszinses!

Als wir den Gipfel des ersten Berges halb erklommen hatten, hatte Kira verstanden, dass sie mit 56 Jahren statt über 16.000 € bereits über 64.000 € verfügen würde, da der Verdoppelungszeitraum bei 6 % Zinsen nur noch 12 Jahre beträgt: 72 : 6 = 12.

Spaßeshalber rechneten wir nun weiter: Wie entwickelt sich das Kapital, wenn man 9 % Zinsen bzw. Rendite zugrunde legt? 72 : 9 = 8. Das heißt, der Verdoppelungszeitraum schrumpft auf 8 Jahre zusammen. Somit würden aus 4000 € in 24 Jahren 32.000 € und in 48 Jahren 256.000 €.

Im Alter von 56 Jahren bereits über 256.000 € zu verfügen, war für Kira damals fast eine unvorstellbar hohe Summe. Es war wiederum das Vierfache des Betrages, den man bei 6 % Zinsen erzielt hätte.

Bei einem Zinssatz von 12 % würde Kira nach 48 Jahren sogar über eine Million EUR verfügen – ein „richtiges Vermögen", das ihr eine solide Altersversorgung sichern würde, selbst wenn die staatliche Rente überaus mickrig ausfiele (was in Kiras Berufsleben zu erwarten ist) und kaum zum Leben reichen würde. Nun ging mit unserer Enkeltochter die Fantasie durch, als sie meinte: Sie müsste ja nicht mit 56 Jahren in Rente gehen, sondern könnte noch 6 Jahre länger arbeiten – dann habe sie bereits 2 Mio. €.

Fast ohne es zu merken, hatte Kira nicht nur die immense Wirkung des Zinseszinseffektes begriffen, sondern auch verstanden, warum „die Reichen immer reicher" werden, ohne dass sich das verhindern lässt – ein Umstand,

1.2 · Eine einfache Faustregel zur Vermögensverdopplung

der gerade heute vielfach kritisiert wird. Es ist schlicht eine Wirkung des Zinseszinses, die stets eintritt, wenn man eine beliebige Summe X zu einem bestimmten Zinssatz anlegt und über viele Jahre unangetastet stehen und sich weiter verzinsen lässt. Dabei sollten entweder die angelegte Summe oder regelmäßige Sparraten möglichst hoch oder eben der Zinssatz so hoch wie möglich sein. Den Effekt kann jede(r) für sich nutzen, nicht nur „die Reichen", auch wenn es aufgrund eines hohen vorhandenen Basiskapitals für sie besonders ergiebig ist.

Selbst 1 % mehr Zinsen/Rendite führt schon dazu, dass sich das Kapital wesentlich früher verdoppelt: Bei 2 % Zinsen/Rendite ergibt sich eine Verdoppelung alle 36 Jahre, bei 3 % alle 24 Jahre. Das allerdings sind so niedrige Zinssätze, dass sie nicht wirklich lohnenswert sind, auch wenn es derzeit diejenigen sind ist, die die meisten Banken uns als den „Gipfel des Möglichen" anpreisen. In diesem Buch werde ich Ihnen bessere Anlagemöglichkeiten vorstellen.

> Geben Sie sich nicht frühzeitig mit einem zu niedrigen Zinssatz zufrieden, sondern überschlagen Sie anhand der 72er-Regel und der angenommenen Zinshöhe den Verdoppelungszeitraum Ihres Kapitals – am besten, bevor Sie sich für eine Geldanlage oder für die Umschichtung Ihres Geldes in eine andere Anlageform entscheiden.

Der Zinseszins lässt mit zunehmender Zeitdauer und höherer Rendite ein angelegtes Vermögen im Wert gleichsam „explodieren" – das ist die Wirkung exponentiellen Wachstums. ◘ Tab. 1.2 zeigt, dass das Wachstum des Vermögens den Potenzen von 2 folgt: $2^1 = 2$, $2^2 = 4$, $2^3 = 8$, $2^4 = 16$ usw.

◘ **Tab. 1.2** Exponentielles Wachstum eines Vermögens bei unterschiedlicher Rendite

Rendite	Anlagebetrag	Multiplikationsfaktor (Potenzen von 2)	Ergebnis nach *24* Jahren	Ergebnis nach *48* Jahren	Ergebnis nach *72* Jahren
3 %	1 €	2	2 €	4 €	8 €
6 %	1 €	4	4 €	16 €	64 €
9 %	1 €	8	8 €	64 €	512 €
12 %	1 €	16	16 €	256 €	4096 €

Wichtig zu wissen ist, dass sich die Ergebnisse nach 24 Jahren Laufzeit mit jedem 3er-Schritt in der Rendite verdoppeln, nach 48 Jahren aber bereits vervierfachen. Der „Geld-Code" heißt dann nicht mehr 2, 4, 8, 16, sondern 4, 16, 64, 256 usw., folgt also den Potenzen von 4: 4^1, 4^2, 4^3, 4^4 usw.

◘ Tab. 1.3 veranschaulicht die Verdoppelungszeiträume (VDZ) in Jahren bei einer Laufzeit von 24 Jahren und Renditesprüngen von jeweils 3 %:

Die Wirkung des Zinseszinses, der exponentielle Effekt, wird durch ◘ Abb. 1.1 grafisch veranschaulicht. „VDZ" ist der Kapitalverdopplungszeitraum. Dargestellt wird, wie ein Kapital von 100 € sich bei unterschiedlichen Renditen von 3, 6, 9, 12 und 18 % jeweils entwickelt.

◘ **Tab. 1.3** Verdoppelungszeiträume bei unterschiedlichen Renditen

Rendite	Verdoppelungszeitraum (VDZ) in Jahren	VDZ in y Jahren: y = …	Verdoppelung des angelegten Kapitals
3 %	24	24	1x
6 %	12	12–24	2x
9 %	8	8–16–24	3x
12 %	6	6–12–18–24	4x

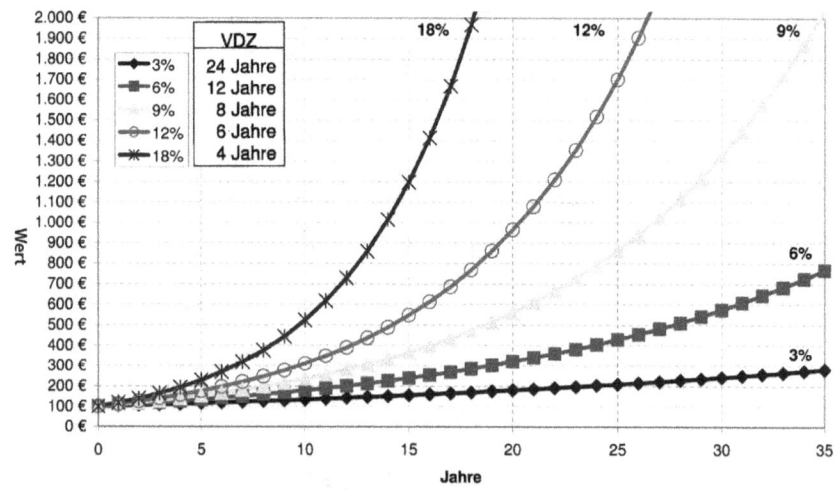

◘ **Abb. 1.1** VDZ – Zinseszinseffekt

> **Tipp**
>
> Wenn Sie mögen, nehmen Sie einen Taschenrechner zur Hand, oder verwenden Sie folgende Seiten im Web, mit deren Hilfe Sie den Zinseszins *genau* errechnen können: ▶ https://www.zinsen-berechnen.de/sparrechner.php und ▶ https://www.smart-rechner.de/zinseszinsen/rechner.php.

1.3 Zeit – der entscheidende Faktor zur Vermögensbildung

Wie Sie gesehen haben, ist neben der Höhe der Rendite bzw. des Zinses die „Zeit" einer der entscheidenden Faktoren für die Vermögensbildung. Selbst mit wenig Ausgangskapital oder kleinen monatlichen Sparraten lässt sich mit **viel Zeit** – und etwas Nachdenken – ein Vermögen aufbauen. Es gilt die Regel:

> **Die Verbindung von Zeit, Geld und Vermögensaufbau**
> Vermögensaufbau = **viel** Zeit x **wenig** Geld – oder:
> Vermögensaufbau = **wenig** Zeit x **viel** Geld.

Wenn man nur kleine Raten monatlich zum Ansparen erübrigen kann, so lässt sich dies über den Faktor Zeit durch eine *langfristige* Anlage ausgleichen. Wer bereits über ein größeres Vermögen verfügt und einmalig eine größere Summe ohne weitere monatliche Sparraten anlegt, kann bereits in vergleichsweise kurzer Zeit sein Vermögen vergrößern oder gar verdoppeln. Ein Otto-Normalverdiener jedoch, der sich über monatliches Sparen in Raten von Null auf etwas aufbauen möchte, kann dies nur schaffen, indem er über einen sehr langen Zeitraum – am besten über 20 bis 30 Jahre – kontinuierlich in eine hochverzinsliche Anlage investiert. Wer nicht rechtzeitig damit beginnt, dem gelingt es nicht, bis zum Rentenalter eine private Vorsorge in ausreichender Höhe aufzubauen.

Die gegebene Zeit optimal zu nutzen, kann in Anbetracht der seit 2008 weltweit vermehrt auftretenden Krisen heute besonders wichtig sein, um einen sorgenfreien Lebensabend in Wohlstand zu verbringen, auch wenn die Renten nicht sicher sind, womöglich noch die eine oder andere Bank insolvent wird oder gar der Euro und der US-Dollar als Währungen unter der Schuldenlast der Staaten zusammenbrechen, wie einige Experten nach wie vor annehmen.

Schon ein kleiner Anfangsunterschied in der Rendite kann aufgrund des Zinseszinseffektes zu enormen (exponentiellen!) Unterschieden am Ende eines definierten Zeitraumes – z. B. zu Beginn des Rentenalters oder zu Beginn der Berufsausbildung eines Kindes – führen.

> Es ist in Ihrem eigenen Interesse, eine möglichst *lange* Laufzeit zu nutzen bzw. mit einer Geldanlage möglichst *früh* zu beginnen, um dabei das höchstmögliche Ergebnis anzustreben. Wer den ersten Verdoppelungszeitraum – durch zu niedrige Zinsen oder generell fehlende Geldanlage – ungenutzt verstreichen lässt, hat am Ende die Hälfte weniger an Vermögen. Und das kann maßgeblich dafür sein, ob man im Laufe des Lebens finanziell unabhängig wird, wie man beispielsweise seinen Lebensabend verbringen oder wieviel man seinen Kindern vererben kann.

Entscheidend ist eben, wie es Helmut Kohl einst salopp ausdrückte, „was hinten rauskommt". Entscheidend ist hingegen nur zum kleineren Teil, wie hoch Ihr Anfangskapital ist, mit dem Sie Ihren Vermögensaufbau starten. Man muss nicht „reich" sein, um „noch reicher" zu werden. Selbst wer relativ viel Kapital hat, aber nur eine geringe Rendite erzielt, hat unter Umständen nach einigen Jahrzehnten ein deutlich kleineres Vermögen als jemand, der regelmäßig, aber kontinuierlich über Jahrzehnte Geld in kleinen Raten angespart und dabei stets die höchstmögliche Verzinsung im Auge behalten hat. Vom Zinseszinseffekt kann schließlich jede(r) gleichermaßen profitieren – er stellt eine Art Naturgesetz des Wachstums dar.

Damit „hinten" möglichst viel herauskommt, gilt es, die Geldanlageform klug auszuwählen und nicht nach dem Erstbesten zu greifen, was Banken und Versicherungen als „höchstmögliche Rendite" anpreisen, oft sogar in der heutigen Krisenzeit als „Gipfel des Möglichen" darstellen. Bevor wir uns damit näher befassen, wollen wir im nächsten Kapitel anschauen, wie es mit dem Geld- und Finanzwissen der Deutschen und der Höhe ihres Vermögens bestellt ist.

Zusammenfassung

Zwei Faktoren sind zum Vermögensaufbau bzw. zum Aufbau einer privaten Altersvorsorge wichtig:
1. Die *langfristige* Perspektive bei der Anlage oder dem Ansparen von Geld: Gleich, ob die Zeiten gerade gut oder schlecht sind, sollten Sie stets *kontinuierlich,* am besten über mehrere Jahrzehnte, Geld höchstrentabel anlegen. Wer in Krisenzeiten keine Rücklagen bildet oder mangels Perspektive aufhört zu sparen, verliert wertvolle Zeit, die sich nie wieder

1.3 · Zeit – der entscheidende Faktor zur Vermögensbildung

einholen lässt. In Anbetracht der niedrigen und immer weiter sinkenden gesetzlichen Renten macht es sich spätestens nach Beendigung des Erwerbslebens unangenehm bemerkbar, wenn das Geld kaum noch zum Leben reicht.

2. Der Verdopplungszeitraum des Kapitals, errechenbar über die 72er-Faustformel: 72 : *Rendite = Verdopplungszeitraum (VDZ)*. Damit können Sie in Sekundenschnelle die Rentabilität einer Ihnen angebotenen Geldanlage überschlagen. Im Laufe mehrerer Jahrzehnte sollten Sie Ihr angespartes oder angelegtes Kapital idealerweise mehrfach verdoppeln, wobei Sie Zinssätze von über 6 % ins Auge fassen sollten. Nur so können Sie den *Zinseszinseffekt* für sich optimal nutzen und finanziell einen großen Schritt nach vorne tun.

Wie die Deutschen sich arm sparen

Inhaltsverzeichnis

2.1 Ein Blick auf Geldvermögen und Sparverhalten – 14

2.2 Mangelndes Wissen über Finanzen begünstigt Armut – 18

2.3 Schlecht beraten und verkauft – schwache Kundenorientierung bei Finanzinstituten – 23

„Tue erst das Notwendige, dann das Mögliche, und plötzlich schaffst du das Unmögliche." (Franz von Assisi)

© Der/die Autor(en), exklusiv lizenziert an Springer Fachmedien Wiesbaden GmbH, ein Teil von Springer Nature 2024
W. Stubenrauch, *Sicher anlegen statt sparen*,
https://doi.org/10.1007/978-3-658-43493-9_2

2.1 Ein Blick auf Geldvermögen und Sparverhalten

- **Die deutsche Sparquote**

Insbesondere seit der jüngsten wirtschaftlichen Rezession und der seit Corona deutlich ansteigenden Inflation hört man allüberall, dass den Deutschen „die Luft zum Geldanlegen oder Sparen" ausgeht. Banken klagen zunehmend über Kreditausfälle, manche Branchen wie die Bauindustrie sind derzeit stark gebeutelt, und wirtschaftlich steuern wir in eine Rezession. Die Konsumausgaben werden von den Privathaushalten seit 2019 heruntergeschraubt, und es bleibt deutlich weniger im Geldbeutel übrig als früher. Ist überhaupt noch genug Geld vorhanden, um es anzulegen und weiter zu mehren?

Man könnte annehmen, dass das Vermögen der Deutschen bereits merklich geschrumpft ist, weil mehr und mehr Menschen ihre „eisernen Reserven" angehen oder bereits aufgebraucht haben. Doch weit gefehlt! Laut Statistik (vgl. Statista 2023) gab es lediglich vom ersten bis dritten Quartal 2022 einen minimalen Wachstumseinbruch des Vermögens von 7600 auf 7100 Mrd. €, doch seit dem vierten Quartal 2022 stieg das Vermögen wieder – wie schon in der Vergangenheit – auf 7300 Mrd. € an, mit Tendenz nach oben. Der Einbruch war nichts weiter als eine „kleine Delle", denn insgesamt gesehen ist das Vermögen der Deutschen – trotz Corona, Ukraine-Krieg und Energiekrise – von 2019 bis 2023 von 6100 auf 7300 Mrd. € gewachsen. Das klingt eher nach „Jammern auf hohem Niveau" als nach echter Not.

Als „Geldvermögen" werden in der genannten Statistik „alle" Arten der Geldanlage erfasst: Bargeldbestände, Bankeinlagen, Wertpapiere wie Aktien sowie Ansprüche gegenüber Versicherungen und Pensionseinrichtungen. Dass das Vermögen trotz der derzeitigen Krisen insgesamt weiter gestiegen ist, führe ich übrigens allgemein auch auf den Zinseszinseffekt zurück. Er wirkt immer, selbstverständlich auch in Zeiten der Rezession. Leichte Schwankungen im Vermögenszuwachs, wie sie die Statistik für die letzten Jahre wiedergibt, sind, langfristig gesehen, ebenfalls normal; sie treten außer bei festverzinslichen Anlagen bei allen Geldanlageformen auf.

Die Deutschen galten schon immer als „Weltmeister" im Sparen. Dass dies nach wie vor und trotz der Finanz- und Wirtschaftskrise so ist, bestätigt offiziell das Statistische Bundesamt (vgl. Destatis 2023): Im Krisenjahr 2022 sparten die Deutschen – gebeutelt vom neuen Heizungsgesetz und einer massiven Verteuerung von Strom, Gas und Benzin – 11,1 % ihres Einkommens, im ersten Halbjahr 2023 sogar 11,3 %. Die Italiener brachten es nur auf eine Sparquote von 2,1 %, die US-Amerikaner auf 3,7 %, die Österreicher auf 8,8 %. Übertroffen werden wir Deutschen in unserem Spareifer lediglich von den Schweizern, die es auf über 18 % bringen, und den Holländern, die es auf 13 % bringen.

2.1 · Ein Blick auf Geldvermögen und Sparverhalten

Die hohe Sparquote lädt natürlich zu Rechenexempeln in Sachen Vermögensaufbau ein: Angenommen, ein Haushalt habe ein Netto-Durchschnittseinkommen von 2500 €, so spart er im Durchschnitt bei einer Sparrate von 11,1 % pro Monat 277,50 € und pro Jahr 3330 €. Würde man den Betrag von 277,50 € monatlich 30 Jahre lang zu 6 % Zinsen/Rendite anlegen und die jährlich erhaltenen Zinsen auch wiederum reinvestieren, anstatt sie sich auszahlen zu lassen (die sog. Thesaurierung der Gewinne), käme man aufgrund des Zinseszinses auf eine beachtliche Summe von rund 272.000 €. Ohne Thesaurierung käme man immerhin auf rund 190.000 €. Noch nicht einkalkuliert ist dabei, dass es natürlich auch hin und wieder Gehaltserhöhungen gibt. Wenn man in diesem Fall auch weiter 11,1 % des monatlichen Einkommens zum Vermögensaufbau nutzte, ergäbe sich nach 30 Jahren eine höhere Summe.

> **Tipp**
>
> Nutzen Sie den folgenden Sparrechner, um sich Ihren langfristigen Vermögenszuwachs bei einem regelmäßigen Sparplan und unterschiedlichen Zinsen auszurechnen: ▶ https://www.zinsen-berechnen.de/sparrechner.php.

Halten wir fest: In Deutschland hat die Mehrheit der Privathaushalte genug frei verfügbare finanzielle Mittel, um auch weiterhin Geld gewinnbringend anzulegen. (Wenn auch die Situation insgesamt erfreulich und ermutigend ist, bleibt es unbenommen, dass es Menschen oder Familien gibt, denen es weniger gut geht als noch vor ein paar Jahren). Die allermeisten Haushalte in unserem Land verfügen über genug Kapital, um sich langfristig ein mehr oder weniger großes Vermögen aufzubauen und damit auch bereits vorhersehbaren Engpässen in der späteren Altersversorgung vorzubeugen. Altersarmut sollte, trotz der Aussicht auf niedrige gesetzliche Renten, eigentlich kein Thema bei uns sein, ist es aber dennoch.

- **Fehlende Motivation zur Altersvorsorge – sehenden Auges in die Katastrophe?**

Erst vor kurzem berichtete die „Welt", dass ein Drittel der Deutschen seit der stark gestiegenen Inflation und dem Ukraine-Krieg weniger für den Ruhestand vorsorge als früher. In einer Umfrage gaben die Deutschen an, sie könnten es sich „nicht mehr leisten", Geld zur Seite zu legen (vgl. Welt 2023). 15 % der Befragten sparen weniger als 100 € im Monat für die private Altersvorsorge, weitere 15 % kommen auf einen Betrag von um die 150 €, 10 % um die 250 € und 9 % mehr als 400 €. Ein Drittel der Ende 2022 befragten Verbraucher verfügt sogar über *gar keine* Ersparnisse; als Grund gaben sie an, nicht genug zu verdienen. Lediglich etwas mehr als 50 % hat Rücklagen gebildet (vgl. ING 2022).

Vergleicht man die Zahlen mit den obigen des Statistischen Bundesamtes, so habe ich den Eindruck, dass es weniger am Geld fehlt, als an einer langfristigen Perspektive, die es von der Rendite her *lohnenswert* macht, finanziell vorzusorgen. Mit anderen Worten: Es fehlt an der Motivation zum Handeln. Die Haltung, in Anbetracht der gegenwärtigen Krise mit ungewisser Dauer und ungewissem Ausgang „gar nichts mehr" zu tun, spricht für Resignation – und für fehlendes finanzielles Wissen. Wenn man natürlich von den überaus niedrigen Guthabenzinsen zwischen 0,1 und 4 % ausgeht, die derzeit von vielen Finanzinstituten geboten werden und die deutlich unter der Inflationsrate liegen, ist das verständlich. Aber es gibt bessere Alternativen, die Sie in diesem Buch kennenlernen werden.

> Der Zinseszinseffekt sollte eigentlich jedem Menschen Mut machen, für seine Altersvorsorge das zu tun, was er (oder sie) im Rahmen seiner (oder ihrer) finanziellen Möglichkeiten tun kann. Selbst wenn man (oder frau) nur 50 oder 100 € pro Monat zurücklegen kann, so ist das immer noch besser, als die Hände in den Schoß zu legen, abzuwarten und die Krise „auszusitzen". **Wer gar nichts tut, verpasst die Chance, den ersten möglichen Verdoppelungszeitpunkt seines Kapitals überhaupt jemals zu erreichen!** Und je später dieser Zeitpunkt eintritt, desto schwieriger wird es, Vermögen aufzubauen und sich somit finanziell abzusichern.

Zeit ist einer der wertvollsten Faktoren bei der Vermögensbildung, fast noch wichtiger als die Höhe der Sparquote – und Zeit ist für jedermann kostenlos. Allerdings nur so lange, bis das Rentenalter erreicht ist, danach nicht mehr, weil man nach Abschluss der Erwerbsphase meist kaum noch Möglichkeiten hat, Geld zu verdienen und anzusparen. Hat man bis dahin nicht rechtzeitig vorgesorgt, so ist damit die Altersarmut vorprogrammiert.

Ich sehe diejenigen als finanziell „gestrandet" an, die am Ende der Phase, die dem Aufbau der Altersversorgung dient, feststellen müssen, dass sie sich entweder arm gespart oder wertmäßig nicht mehr erhalten haben als das, was sie sich während ihres Berufslebens mühsam vom Einkommen abgezweigt haben.

Von der Altersarmut sind Frauen stärker als Männer betroffen, weil sie weitaus häufiger in Teilzeit arbeiten, sich oft jahrelang oder sogar ausschließlich um die Erziehung der Kinder kümmern und in dieser Zeit wenig oder

2.1 · Ein Blick auf Geldvermögen und Sparverhalten

nichts verdienen und keine Rücklagen bilden können. Im Alter sind sie dann ausschließlich auf die Renteneinkünfte ihres Ehemannes angewiesen. Stirbt dieser, so vermindern sich die Einkünfte noch einmal deutlich, falls der Ehemann nur eine gesetzliche Rente bezogen hat. Doch „ein Mann ist keine Altersvorsorge", wie es Helma Sick und Renate Schmidt in ihrem gleichnamigen Buch (Sick und Schmidt 2019) ausdrücken (eine Ehefrau ist dies natürlich genauso wenig). Grundsätzlich sollte jede(r) in der Partnerschaft finanziell auf eigenen Füßen stehen können. Frauen ohne Partner besitzen, wie die Statistik zeigt (vgl. ◘ Abb. 2.1), sehr viel seltener eine Altersversorgung (Männer ohne Partnerin ebenfalls). Auch planen Frauen öfter als Männer, ihre Altersvorsorge zu kürzen oder auszusetzen (vgl. Zeit 2021a).

Doch es hilft nicht, vor der späteren Situation im Alter die Augen zu verschließen. Was hingegen hilft, ist rechtzeitig vorzusorgen und zuzusehen, dass man bei möglichst hoher Rendite wenigstens zwei Verdopplungszeiträume der Ersparnisse erreicht.

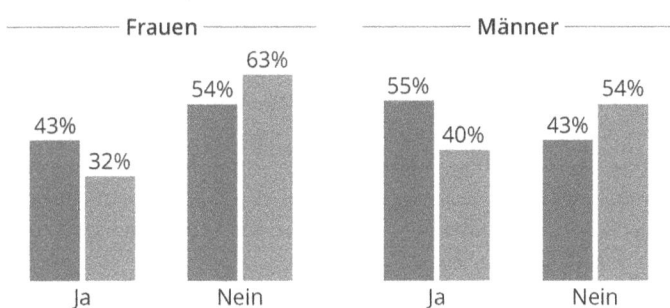

◘ **Abb. 2.1** Frauen sind seltener fürs Alter abgesichert. (Statista, rechtefreie CC-Lizenz)

> Ich möchte Sie ermutigen, im Rahmen Ihrer Möglichkeiten die Vermögensbildung nicht hinauszuschieben, sondern zügig anzugehen und kontinuierlich, über Jahre, fortzuführen – gleichgültig, wieviel Sie nun monatlich zurücklegen können und wie lange die derzeitige politisch-finanzielle „Krise" (oder auch eine persönlich schwierige Lebenssituation) andauert. Denken Sie daran: **Wir *über*schätzen, was wir in einem Jahr erreichen können, und wir *unter*schätzen, was wir in zehn Jahren erreichen können.** Verantwortlich sind wir letztlich nicht nur für das, was wir tun, sondern auch für das, was wir nicht tun. Der *langfristige* Fokus ist bei der Vermögensbildung stets der entscheidende.

2.2 Mangelndes Wissen über Finanzen begünstigt Armut

■ **Niedrige Renditen führen zum Wertverlust**

Obwohl wir Deutschen Weltmeister im Sparen sind, gehören wir leider nicht zu denjenigen, die ihr Geld besonders clever anlegen – im Gegenteil. Wir lieben genau diejenigen Finanzprodukte am meisten, die nur wenig Zins oder Rendite abwerfen: Sparbücher, Festgeld, Bausparverträge und Lebensversicherungen. Die Deutschen sind, wie es Statista ausdrückt, „ein Herz und ein Sparkonto".

Schon in den frühen 90er-Jahren lag der Durchschnittszins für Spareinlagen bei nur 2,8 %, seit der Finanzkrise 2009 sank er von 1 % auf 0,1 % im Jahr 2019 (vgl. Rhetos). Seit 2023 liegt er wieder etwa auf dem Niveau der 90er-Jahre, allerdings mit ungewisser Entwicklungsrichtung.

Obwohl die Zinsraten bei Sparbüchern, Bausparen und Versicherungen seit Jahrzehnten geradezu notorisch niedrig sind, ist ihre Beliebtheit ungebrochen, ja unverständlicherweise in der „Krisenzeit" (Corona, Ukraine-Krieg, Energieverteuerung, Inflation) sogar noch leicht gestiegen. Die Anzahl der Sparkontenbesitzer stieg innerhalb von 3 Jahren um ein Prozent, die Anzahl der Bausparverträge um 7 % und die der Versicherungen zur Geldanlage um 4 % (vgl. ◘ Abb. 2.2).

Dabei haben sich Lebensversicherungen, Bausparen und Sparbuch längst überlebt: Sie sind – und das ist in Anbetracht der überragenden Ergebnisse von längerfristigen Investmentanlagen nicht übertrieben – seit mehreren Jahrzehnten bereits *Auslaufmodelle*, aber kaum jemand scheint es zu bemerken, weil es an finanziellem Grundwissen fehlt.

Dass so viele Menschen ihr Erspartes so niedrigverzinslich anlegen, zeigt, dass sie die Rendite unbeachtet lassen und nicht nachrechnen, was nach Ab-

2.2 · Mangelndes Wissen über Finanzen begünstigt Armut

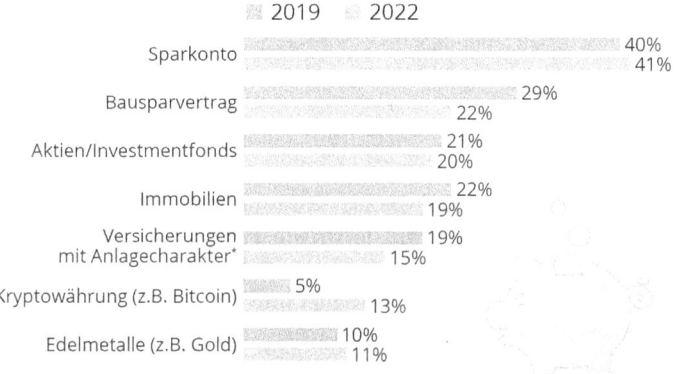

■ Abb. 2.2 Die Deutschen – ein Herz und ein Sparkonto. (Statista, rechtefreie CC-Lizenz)

lauf des Vertrages – manchmal nach Jahrzehnten – dabei herauskommt. Doch wenn man nicht auf die Rendite achtet, kann man kein Vermögen aufbauen, ohne dass man selbst unverhältnismäßig viel arbeitet. Während der zumeist unwissende konservative Anleger vor lauter Angst, er könne sein Geld verlieren, es der Bank als Festgeld überlässt, merkt er gar nicht, dass es nach Inflation und ggf. Steuer sogar an Wert verliert.

Rendite ist nicht alles. Aber ohne Rendite ist alles nichts! Wer nicht auf die Rendite achtet, verschwendet wertvolle Ressourcen – er wirft Geld weg. Denn Geld, das keine oder zu wenig Rendite abwirft, verliert durch die Inflation stetig an Wert (▶ Abschn. 4.1). Die Folgen sind absehbar: Wer keine private Altersvorsorge aufbaut und dann noch eine zu niedrige gesetzliche Rente hat, ist gezwungen, sich im Alter finanziell extrem einzuschränken, am oder unterhalb des Existenzminimums zu leben – oder aber nach seinem 67. Lebensjahr weiterzuarbeiten, gegebenenfalls bis weit nach seinem 80.

Lebensjahr. Statt selbst zu arbeiten, ist es um ein Vielfaches angenehmer, sein Geld für sich arbeiten zu lassen und damit frühzeitig zu beginnen!

> Es kommt einer **Vermögensvernichtung** gleich, in Geldanlagen mit niedrigen Renditen von 3 % oder weniger, die noch unterhalb der Inflationsrate liegen, überhaupt zu investieren. Man erleidet einen realen Wertverlust und „spart sich arm". Solche Geldanlageformen sind für einen Vermögensaufbau oder eine private Vorsorge im Alter vollkommen ungeeignet!

- **Finanzielle Allgemeinbildung in Deutschland**

Was hindert uns daran, unser Geld besser anzulegen? Es sind meiner Meinung nach mehrere Faktoren, die hier zusammenkommen:

1. *Gewohnheit:* Sparanlagen mit niedrigen Festzinsen sind selbsterklärend. Jeder hat sie, jeder kennt sie, und sie sind als altbekannte, traditionelle Finanzprodukte einfach zu verstehen und zu handhaben. Das ist bei vielen modernen Finanzprodukten nicht der Fall: Von „Hedgefonds, Derivaten, Zertifikaten, ETF, Aktienfonds" usw. hat man schon gehört, aber man blickt als Laie nicht durch, worum es dabei geht. Also bleibt man bei dem, was man seit Jahrzehnten kennt, was auch schon Großeltern und Eltern kannten – und verzichtet damit quasi automatisch auf eine gute Rendite.
2. *Sicherheit:* Wer sein Geld anlegen möchte, ist auf Sicherheit bedacht. Er möchte nicht das Risiko eines Verlustes erleiden und bevorzugt daher oft „feste Zinsen", um „kein Risiko" einzugehen.
3. *Fehlendes Wissen:* Es fehlt an Know-how, welche Geldanlageformen sich langfristig lohnen würden. Daher vertrauen viele Anleger blind der Bank oder der Versicherung bzw. ihren jeweiligen „Beratern", die als „Experten für die Geldanlage" gelten.

Finanzielles Grundwissen ist in Deutschland selten, und daran hat sich in den letzten zwei Jahrzehnten nichts geändert. Als Steuerberater und Finanzwirt war ich darin keine Ausnahme, bis ich anfing, gründlicher nachzuforschen und zu hinterfragen, was Banken und Versicherungen uns seit Jahrzehnten in der Regel anbieten.

Im Jahr 2003 gab die Commerzbank eine Studie zur finanziellen Allgemeinbildung in Auftrag (vgl. Commerzbank 2003): Durchgeführt vom Meinungsforschungsinstitut NFO Infratest und begleitet vom Institut für ökonomische Bildung an der Universität Oldenburg, war es eine der ersten repräsentativen Umfragen zu diesem Thema in Deutschland.

2.2 · Mangelndes Wissen über Finanzen begünstigt Armut

Das Ergebnis war entmutigend: Von 10 Befragten gaben 4 an, dass sie, wenn es ums Geld gehe, fremde Hilfe in Anspruch nehmen müssten. Weitere 4 glaubten, ihre Finanzen selbst regeln zu können. Anhand eines diesen Personen vorgelegten Fragebogens musste man aufgrund der festgestellten Wissenslücken jedoch annehmen, dass auch sie nicht in der Lage waren, ihre Finanzen einigermaßen zufriedenstellend zu regeln. Nur 2 von 10 Befragten sind offenbar fachkompetent genug, ihre finanziellen Angelegenheiten selbst in die Hand zu nehmen.

Das liegt nicht zuletzt daran, dass nur 3 % der Bundesbürger in der Schule etwas über den Umgang mit Finanzen gelernt haben. Finanzielle Bildung wird nicht systematisch vermittelt, sondern eher zufällig in der Familie, durch Freunde oder Bekannte oder eben durch Banken. Derartige Beratungen sind jedoch weder umfassend noch neutral.

> Was bleibt dem Kunden, dem das nötige finanzielle Grundwissen fehlt, übrig? Er muss Banken und Versicherungen „glauben", ohne den Wahrheitsgehalt ihrer Aussagen überprüfen zu können. Das bittere Erwachen kommt oft Jahrzehnte später, wenn er feststellt, dass er schlecht beraten worden ist, aber dann ist meist bereits das halbe Leben – und womöglich mehrere Verdopplungszeiträume für sein Erspartes – verstrichen und zu viel Zeit verloren.

Es herrschen auch große Missverständnisse über finanzielle Fachbegriffe. Eine von AXA Investment-Managers im Jahr 2007 in Auftrag gegebene Studie kam zu folgendem Ergebnis: Fast die Hälfte der Deutschen glaubte, Rentenfonds dienten der Absicherung der gesetzlichen Rente. Sie wussten nicht, dass Rentenfonds nur deshalb so heißen, weil sie in „Renten-Papieren", d. h. in renditearmen festverzinslichen Papieren, investiert sind (vgl. Reents 2007). Das ist ungefähr so, als ob man annimmt, ein Zitronenfalter hieße deshalb so, weil er Zitronen falte.

- **Finanzwissen als Schulfach**

Nach der „Jugendstudie 2009" des Bundesverbandes Deutscher Banken ergab die Befragung von Jugendlichen zwischen 14 und 24 Jahren, dass besonders infolge der Finanzkrise drei von vier jungen Menschen mehr über Ökonomie wissen wollten (vgl. Mrusek 2009). Fast 80 % sprachen sich für ein eigenständiges Schulfach „Wirtschaft" aus, das allerdings bis heute nicht eingeführt worden ist. Über die Hälfte der Jugendlichen konnte nicht erklären, was eine „Inflationsrate" ist. Nur 6 % waren in der Lage, auch nur ungefähr die aktuelle Rate der Geldentwertung zu nennen.

Insgesamt erwies sich das Finanzwissen der jungen Generation als kümmerlich. Fast jeder zweite Jugendliche kennt sich in Geld- und Finanzfragen kaum oder gar nicht aus, obwohl 81 % der Aussage zustimmten, dass Geld- oder Finanzthemen wichtig seien. 6 von 10 Befragten gaben an, dass sie vom Börsengeschehen keine oder nur wenig Ahnung hätten. Andererseits beteuerten 71 % der Befragten, sie legten viel oder sogar sehr viel Wert auf Sparsamkeit. Das ist mit 80 % fast ein so hoher Wert wie bei den Erwachsenen. Mit anderen Worten:

> *Junge Leute wollen* wohl sparen, aber aus eigener Erkenntnis heraus wissen sie nicht, wie sie das am besten anstellen sollen. Und der Staat lässt sie, was die entsprechende Ausbildung angeht, im Stich.

Wissenslücken zeigen sich jedoch nicht nur bei jungen Menschen, sondern in erschreckendem Maße auch bei Erwachsenen, wie eine aktuellere Studie von Lowell aus dem Jahr 2023 zeigt (vgl. Lowell 2023). Zwar schätzen 70 % ihre finanzielle Bildung als ausreichend ein, doch wissen 66 % beispielsweise nicht, was das Renteneintrittsalter ist, und 81 % wissen auch nicht, wie das Umlageverfahren funktioniert, das die gesetzliche Rentenversicherung finanziert (▶ Abschn. 4.4).

Erschreckende 48 % kennen das Wort „Rendite" nicht und wissen auch nicht, was der Zinseszins bedeutet, was jedoch wichtig wäre, um zu verstehen, wie man ein Vermögen wachsen lassen kann. Und in der Generation Z wissen 63 % nicht, was ein Kredit ist. Insgesamt halten 86 % der über 45-Jährigen die Schulbildung zum Thema Finanzen für unzureichend.

Das Sprichwort „Über Geld spricht man nicht" bewahrheitet sich nach der Lowell-Studie bei den Deutschen besonders: Die meisten Teilnehmer tun sich schwer, selbst mit ihren engsten Angehörigen, wie ihrem Partner, ihren Eltern, ihren Geschwistern oder ihren Kindern über Geld zu sprechen – es scheint sich regelrecht um ein Tabuthema zu handeln.

Eine umfangreiche, von der Allianz in 10 Ländern durchgeführte Studie zeigt, dass das Niveau des Finanzwissens in Europa sich seit der globalen Finanzkrise im Jahr 2008/2009 nicht wesentlich gebessert hat (vgl. Allianz 2017). Insbesondere mit risikobezogenen Konzepten und mit Risikostreuung können Erwachsene wenig anfangen, die unter 35-Jährigen am allerwenigsten. Weniger als 20 % von ihnen hat sich mit der Frage beschäftigt, wie viel Geld sie im Ruhestand benötigen, und mehr als 38 % haben keine langfristigen Finanzprodukte.

2.3 Schlecht beraten und verkauft – schwache Kundenorientierung bei Finanzinstituten

- **Ein Fall aus meiner Praxis**

Als Steuerberater erlebte ich in meiner Praxis folgenden Fall: Ein langjähriger Mandant ließ bei einer Schweizer Großbank seit mehr als 10 Jahren ein größeres Wertpapierdepot verwalten. Dieser Mandant erzielte im Rahmen der Vermögensverwaltung eine durchschnittliche Rendite vor Steuern von 2,78 % jährlich. Die Bank hatte den Mandanten, wie üblich, nach seiner Risikobefindlichkeit befragt. Da er sein Geld nicht aufs Spiel setzen wollte, bestand der überwiegende Teil seines Depots aus sog. Rentenwerten, also festverzinslichen Papieren.

Nachdem ich in Vollmacht meines Mandanten dessen Depot gekündigt hatte, erhielt ich einen Anruf des Bankberaters, der sich erkundigte, ob die Kündigung endgültig sei, und wenn ja, ob die unterdurchschnittliche Rendite der Grund sei. Schließlich gebe es doch *heute* ertragreichere Produkte, die bei längerfristiger Anlage auch sicher seien. Diese Produkte waren aber damals schon keineswegs neu, sondern es gab sie bereits seit Jahrzehnten!

Mein Mandant fühlte sich nun nicht mehr in guten Händen, weil ihm seine Bank, der er volles Vertrauen geschenkt hatte, verschwiegen hatte, dass es für ihn bessere Anlagemöglichkeiten gegeben hätte. Ihm war es in erster Linie darum gegangen, sein Geld „sicher" zu wissen. Gegen eine gleichzeitig höhere Rendite hätte er nichts einzuwenden gehabt, zumal es ihm auch nicht um eine kurzfristige Vermögensmehrung, sondern um eine langfristige Anlage gegangen war.

Mein Mandant wurde das Gefühl nicht los, dass er von dieser Bank in Zukunft auch nicht zu seinem Besten beraten würde. Die Kündigung seines Depots war für ihn nur eine logische Konsequenz, welche die Bank selbst verursacht hatte.

Aufschlussreich ist eine Vergleichsrechnung anhand faktischer Zahlen (siehe ◘ Tab. 2.1).

◘ **Tab. 2.1** Entwicklung eines Wertpapierdepots bei einer Schweizer Bank

Anlage bei der Bank am 31.12.1992	783.173 €
Diese entwickelte sich in 11 Jahren zum 31.12.2003 auf	968.637 €
Ertrag vor Steuern	185.464 €

Tab. 2.2 Zum Vergleich: Entwicklung desselben Wertdepots im Templeton Growth Fund (Aktienfonds)

Ursprünglicher Wert der Anlage am 31.12.1992	783.173 €
Endwert bei Investition in den Aktienfonds am 31.12.2003	2.746.518 €
Ertrag (vor Steuern)	1.963.345 €
Depotwert der Bank (wie oben) am 31.12.2003	968.637 €
Mehrvermögen durch Aktienfonds-Anlage (vor Steuern)	1.777.881 €

In ◘ Tab. 2.1 waren Einlagen von 114.094 € und Entnahmen von 222.400 €, über die Anlagedauer verteilt, berücksichtigt.

Bei einer entsprechenden Anlage im Templeton Growth Fund, einem namhaften und renditestarken internationalen Aktienfonds, hätte mein Mandant unter zeitlicher Berücksichtigung der Einlagen und Entnahmen jedoch eine erheblich höhere Rendite bekommen (◘ Tab. 2.2).

Das Mehrvermögen hätte knapp das Dreifache dessen betragen, was die Bank in 11 Jahren dem Kunden ausschüttete! Das Ärgerliche für meinen Mandanten sind nicht nur die schlechte Beratung durch die Bank, sondern auch der wertvolle Verlust an Lebens- und Investitionszeit, den er ja nie mehr aufholen kann. Denn die Lebenszeit ist begrenzt und 11 verlorene Jahre für die Geldanlage sind und bleiben 11 verlorene (Lebens-)Jahre. Mein Mandant hätte sein Gesamtkapital in diesen 11 Jahren mehr als verdreifachen können, stattdessen hat er eine so magere Rendite bekommen, dass er selbst von einer Verdopplung noch meilenweit entfernt war. Das ist der Grund, warum ich in ▶ Abschn. 1.3 darauf hingewiesen habe, dass *Zeit* einer der entscheidenden Faktoren für den Vermögensaufbau ist – allerdings nur dann, wenn man sie nutzt und sich nicht auf den erstbesten Rat oder die erstbesten Anlageprodukte verlässt, die Banken oder Versicherungen in Sachen Geldanlage anbieten.

> Eine „sichere" Geldanlage ist nicht gleichbedeutend mit „niedriger" Verzinsung bzw. Rendite, wie Banken und Versicherungen ihren Kunden gerne suggerieren. Wenn ein konservativer oder risikoarmer Ansatz vorgegeben ist, heißt das noch lange nicht, dass ein großer Teil des Vermögens in festverzinslichen Wertpapieren anzulegen ist. Es existieren durchaus Geldanlagen mit hoher Rendite, die renditestark und zugleich sicher vor Teil- oder Totalverlust sind (mehr dazu in ▶ Kap. 3).

Bei Anlagen in Aktienfonds besteht langfristig gesehen kein Risiko eines Teil- oder Totalverlustes (mehr dazu in ▶ Abschn. 3.3). Als Beispiel habe ich hier zum Vergleich eine Anlage im US-amerikanischen Templeton Growth Fund gewählt, weil dieser Fonds seit rund 70 Jahren existiert: Er wurde 1954 aufgelegt und ist einer der größten Aktienfonds der Welt (▶ Abschn. 5.3.4). Die Rendite lässt sich somit real anhand *faktischer* Zahlen sehr einfach überprüfen – unabhängig von irgendwelchen „Werbeversprechen", die verschiedene Anbieter auf dem Finanzmarkt bezüglich ihrer Produkte sonst gerne machen. Generell gilt: Je länger ein Fonds existiert, desto einfacher ist sein langfristiger Erfolg überprüfbar, also nachrechenbar.

In allen rollierenden 13-Jahres-Zeiträumen seit Auflegung des Fonds hat *noch nie* jemand sein eingesetztes Geld verloren, sondern stets Geld verdient. (Zeiträume sind „rollierend", wenn ausschließlich deren Länge betrachtet wird, nicht aber deren Anfangs- oder Endpunkte. Da bei rollierenden Zeiträumen immer mehrere Jahre in der Betrachtung zusammengefasst werden, sind die errechneten Werte verlässlicher, als wenn man nur die Ergebnisse einzelner Zeitpunkte oder bestimmter Stichtage ermittelt.)

Nach gesundem Menschenverstand ist ein Verlust des ursprünglich eingesetzten Kapitals bei der im Beispielfall vorgegebenen Anlagedauer deswegen auch nicht vorstellbar. Fachleute sind sich einig, dass eine Anlage in einem guten international investierenden Aktienfonds mit zunehmender Dauer faktisch immer sicherer wird, selbst wenn es kurzfristig zu Kurseinbrüchen kommen kann. Die Erfahrungen der Vergangenheit bei Anlagen im Templeton Growth Fund haben gezeigt, dass ein durchschnittlicher Zeitraum von ca. 3 Jahren ausreiche, um vorübergehende Wertverluste wieder auszugleichen.

Interessant ist es deshalb, sich die in rollierenden 13-Jahres-Zeiträumen erzielten tatsächlichen Ergebnisse der Vergangenheit einfach einmal anzuschauen (die Daten in ◘ Tab. 2.3 wurden erstellt mit Hilfe des Softwaretools FVBS professional).

- **„Kostenlose" Beratung ist Verkauf**

Den meisten Bürgern bzw. Endverbrauchern ist allgemein nicht bewusst, dass der als Vertreter einer Bank oder Versicherung auftretende „Berater" (oder die Beraterin) zwei Herzen in seiner (ihrer) Brust hat. Vielfach baut der Kunde zu ihm ein persönliches Vertrauensverhältnis auf, das ihn glauben lässt, dass dieser es gut mit ihm meine, wenn er ihm ein spezielles Produkt empfiehlt. Andererseits sind aber dem Berater die Hände gebunden, denn er ist ausschließlich den Weisungen seines Arbeitgebers verpflichtet.

Tab. 2.3 Der Templeton Growth Fund in rollierenden 13-Jahres-Zeiträumen von 1993 bis 2023

Rollierender 13-Jahres-Zeitraum	Rendite in % jährlich
12/93 – 12/06	9,60
12/94 – 12/07	9,72
12/95 – 12/08	4,58
12/96 – 12/09	4,55
12/97 – 12/10	3,32
12/98 – 12/11	3,81
12/99 – 12/12	1,87
12/00 – 12/13	2,99
12/01 – 12/14	3,31
12/02 – 12/15	5,80
12/03 – 12/16	5,93
12/04 – 12/17	5,67
12/05 – 12/18	3,03
12/06 – 12/19	3,52
12/07 – 12/20	4,00
12/08 – 12/21	9,35
12/09 – 12/22	6,71
12/10 – 12/23	6,63
Bester Zeitraum: 12/94 – 12/07	9,72
Schlechtester Zeitraum: 12/99 – 12/12	1,87
Durchschnittliche Rendite	5,24

Die Daten wurden mit Hilfe des Softwaretools FVBS professional erstellt

Entsprechend dem bekannten Motto „Wes Brot ich ess, des Lied ich sing" kann ein Bankangestellter oder Versicherungsvertreter gar nicht anders, als einem Kunden in der Regel die *hauseigenen* Produkte zu empfehlen – selbst wenn er weiß, dass ein Konkurrenzprodukt das bessere wäre. Wenn Sie zu einem Mercedes-Händler gehen, erwarten Sie selbstverständlich auch nicht, dass er Ihnen einen BMW, VW, Audi oder Toyota empfiehlt, selbst wenn deren Modelle möglicherweise in der gegebenen Situation für Sie weitaus mehr Vorteile hätten als das angepriesene Mercedes-Modell. Was uns beim Kauf von Autos selbstverständlich und bewusst ist, ist es bei der Beratung für eine Geldanlage längst nicht immer.

> „Berater" der Banken und Versicherungen beraten die Kunden nicht, sondern sie verkaufen meist ihre hauseigenen Finanz- bzw. Geldanlageprodukte – der Begriff „Verkäufer" wäre darum treffender und ehrlicher.

Es gibt mehrere Gründe, warum sich Menschen in Sachen Geldanlage überdurchschnittlich oft an Banken und Versicherungen wenden und zu deren Produkten greifen:

- Es ist in den Köpfen fest verankert, dass in Bankhäusern und Versicherungen die „Fachkompetenz" für Geldfragen zu Hause ist. Sie erinnern sich gewiss noch an den alten Slogan: „Wenn's um Geld geht – Sparkasse". Er hat gewirkt, nicht nur bei den Sparkassen, sondern bei allen Bankinstituten. Fehlt den Verbrauchern selbst die finanzielle Kompetenz, um die Qualität einer Geldanlage zu beurteilen, gehen sie dorthin, wo sie die Kompetenz vermuten, wo sie anscheinend seit Jahrzehnten vorhanden ist.
- Die Beratung durch Banken und Versicherungen ist (vermeintlich) „kostenlos". Zwar wissen viele, dass es auch unabhängige Finanz- oder Vermögensberater gibt, die keiner speziellen Bank oder Versicherung angehören, aber diese nehmen oftmals ein Honorar für ihre Arbeit, und das wollen viele vermeiden.

Bitte machen Sie sich bewusst, dass eine Beratung *niemals* kostenlos ist und es auch gar nicht sein kann, solange Menschen für ihre Arbeit vergütet werden. Die „Beratung" bei einem Finanzinstitut ist nur so lange kostenlos, wie Sie *keinen* Vertrag unterzeichnet haben. Ab dem Augenblick, in dem Sie den Vertrag abschließen, zahlen Sie der Bank, der Bausparkasse oder der Versicherungsgesellschaft eine Provision, auch wenn es Ihnen nicht bewusst ist und man Sie nicht darauf hingewiesen hat.

Viele Verbraucher wissen gar nicht, wie hoch diese Provisionen teilweise sind. Bei Kapitallebensversicherungen z. B. werden die gesamten Beiträge, die Sie in den ersten Jahren einzahlen, für die Provision des „Beraters" aufgewendet. Dieses Geld wird erst gar nicht zum Aufbau Ihres Vermögens verwendet und geht schon von vornherein für Ihre Rendite verloren!

Produkte, die besonders hohe Provisionen auslösen, sind solche, die auch überdurchschnittlich oft verkauft werden. Das ist der Grund dafür, warum beispielsweise die Lebensversicherungen in Deutschland (leider) noch immer zu den Standardprodukten der privaten Altersvorsorge gehören. Gleichzeitig steht diese Form der Versicherung stark in der Kritik: Immer mehr Beitragszahler lösen frühzeitig ihre Lebensversicherung auf, wenn sie nach einigen Jahren durch Vergleiche feststellen, dass sie woanders für ihr Geld deutlich höhere Renditen bekommen. Die Anzahl dieser Versicherungen sinkt seit rund 20 Jahren. Bereits im Jahr 2008 stellte eine Studie des Bundesministeriums für Ernährung und Landwirtschaft fest, dass die Quote der „Produktabbrüche", also der vorzeitigen Vertragsauflösungen, mehr als 50 % betrug. „Offensichtlich passen die vermittelten Produkte in dieser Vielzahl an Fällen nicht dauerhaft zu den Kunden", heißt es in der Studie (vgl. Habschick und Evers 2008, S. 115).

In den vergangenen 10 Jahren ist die Anzahl der Policen um rund 8,5 Mio. zurückgegangen. Machten Kapitallebensversicherungen um das Jahr 2000 noch rund drei Viertel aller Versicherungsverträge aus, so ist ihr Anteil mittlerweile auf ein Viertel geschrumpft (vgl. Statista 2022c) – aus gutem Grund. Entscheidend ist eben, was „hinten rauskommt".

Dennoch wurden im Jahr 2021 laut Gesamtverband der Deutschen Versicherungswirtschaft (GDV) immer noch 2,9 Mio. *neue* kapitalbildende Verträge abgeschlossen (vgl. Klotz 2022). Allein im Jahr 2020 beliefen sich die Beitragseinnahmen der Lebensversicherungen im engeren Sinne in Deutschland auf rund 101 Mrd. € (vgl. Statista 2024) – eine gigantische Summe, die womöglich zu über 50 % nicht im Sinne der Vertragnehmer angelegt wird, wenn man die hohe Abbruchquote berücksichtigt. Können die Versicherungsgesellschaften dies guten Gewissens verantworten? Trotz der vielen Kündigungen und des Kapitalabzugs vieler Versicherungsnehmer scheint eine Vielzahl der Verbraucher noch immer nicht verstanden zu haben, dass kapitalbildende Lebensversicherungen ihnen einen Bärendienst erweisen (mehr zur Lebensversicherung und den Renditen in ▶ Abschn. 4.4.1).

> Guter Rat in Sachen Geldanlage ist teuer, schlechter Rat ist jedoch weitaus teurer, weil er zu Niedrigrenditen führen kann, die einen angemessenen Vermögenszuwachs verhindern oder sogar einem realen Wertverlust gleichkom-

2.3 · Schlecht beraten und verkauft...

men, wenn man die Inflation mit einrechnet. So wird der Aufbau eines Vermögens oder einer privaten Altersvorsorge regelrecht blockiert – je länger die Vertragslaufzeit, desto stärker. Nicht der Preis, den Sie für die Beratung zahlen, ist entscheidend, sondern der Gegenwert (oder Nutzen), den Sie dafür erhalten!

Das Verwerfliche an einem als Beratung getarnten Verkauf ist, dass mit gezinkten Karten gespielt und die Unwissenheit der Bundesbürger – man könnte schon fast sagen – schamlos ausgenutzt wird. Dieser ist, wie gezeigt, zumeist blutiger Laie in Gelddingen, auch wenn er glaubt, er verstünde etwas davon. Die meisten überschätzen sich und vergessen, dass die vermeintlichen Finanzberater Profis auf ihrem Gebiet sind, deren Angebote sich oft nicht auf Anhieb durchschauen lassen, sondern einer sorgfältigen Prüfung bedürfen. Oft können die Verbraucher aus Unwissenheit ihre Chancen nicht nutzen; so entsteht ein bedenklicher volkswirtschaftlicher Schaden, der im Grunde unverantwortlich ist. Allein die Tatsache, dass fast die Hälfte der Deutschen glaubt, Rentenfonds hätten etwas mit der Absicherung ihrer eigenen Rente zu tun, ist ernüchternd.

- **Mystery Shopping bei Banken**

Die Bundesanstalt für Finanzdienstleistungsaufsicht (BaFin) führte 2022 in 16 Banken und Sparkassen Deutschlands verdeckte Testkäufe durch, um festzustellen, wie gut Kunden dort beraten werden (vgl. Spiegel 2023). Vornehmlich ging es um die Frage, ob den Verbrauchern die gesetzlich vorgeschriebenen schriftlichen Informationsunterlagen vor Abschluss eines Vertrags ausgehändigt wurden; das mündliche „Beratungsgespräch" war kein Thema. Kunden haben das Recht auf eine schriftliche Aufstellung, wie viel sie das gewünschte Produkt kostet (Ex-Ante-Kosteninfo), und auf eine sogenannte „Geeignetheitserklärung", in der begründet wird, warum ein empfohlenes Produkt zu ihrem jeweiligen Risikoprofil passt.

Waren die Ergebnisse dieses Mystery Shoppings schon 2021 nicht optimal, so ließ die Qualität 2022 weiter nach: In 40 % der Fälle erhielten die verdeckt einkaufenden Tester keine Geeignetheitserklärung und in 67 % keine Kosteninfo. Auch eine EU-weit durchgeführte Mystery Shopping-Aktion bei Finanzinstituten ließ erhebliche Defizite erkennen.

Ist es schon schlimm genug, wenn Kunden *keine* Informationen erhalten, so ist mindestens genauso schlimm, wenn die überreichten Informationen *fehlerhaft und einseitig* zugunsten der hauseigenen Produkte ausfallen.

Auch dies erlebte ich selbst: Anfang 2006 wurden mir als Steuerberater im Beisein meines Mandanten von einem auf Anlageberatung spezialisierten

Bankberater Charts über die Entwicklung verschiedener Fonds über einen Zeitraum von ca. 10 Jahren (1/1997–2/2006) vorgelegt. Die Charts zeigten die Entwicklung von zwei hauseigenen und zwei Fremdfonds, u. a. auch die des Templeton Growth Fund. Skeptisch machte mich, dass letzterer über diesen Zeitraum nur einen Wertzuwachs von ca. 40 % erzielt haben sollte. 40 % in 10 Jahren entsprach einer finanzmathematischen Rendite von nur ca. 3,4 %.

Mir war bekannt, dass es bei diesem Fonds keinen 10-Jahres-Zeitraum gab, in dem die Rendite nicht deutlich darüber gelegen hatte. Allein die grafische Darstellung machte einen vertrauenerweckenden Eindruck. Zunächst dachte ich mir: Das kann ja gar nicht falsch sein, zumal es von einem Experten präsentiert wird.

Nach eingehender Überprüfung der Vorlage stellten sich dann gleich drei gravierende Fehler heraus:

- Bei der Darstellung des Kursverlaufs des Templeton Growth Fund waren – im Gegensatz zu den anderen Fonds – die jeweils wieder angelegten Ausschüttungen, also die Thesaurierungen der Gewinne, unberücksichtigt geblieben.
- Die Darstellung war auf Dollar-Basis erfolgt, obwohl ein Vergleich auf der Grundlage des Euro nachgefragt war.
- Statt für eine Einmalanlage war die Entwicklung für eine Anlage in Raten dargestellt.

Der Templeton Growth Fund hatte im fraglichen 10-Jahres-Zeitraum nicht etwa 40 % hinzugewonnen, sondern ca. **260 %**. Die Bank hatte sich also ihren eigenen Fonds „schöngerechnet" und den Fremd- bzw. Konkurrenzfonds von Templeton schlecht dastehen lassen – ob nun absichtlich oder aufgrund rechnerischer Schlamperei möchte ich dahingestellt sein lassen. Ein Schelm, wer Böses dabei denkt!

Als Laie hätten Sie diese Fehler wahrscheinlich nicht erkannt, geschweige denn erahnt; als Steuerberater und Diplom-Finanzwirt fiel ich sogar selbst zunächst darauf herein. Wenn Sie auf der Basis einer solchen Information eine Entscheidung getroffen hätten, hätte es Sie nach Jahr und Tag sehr viel Geld – und damit persönliche Freiheit, eine gesicherte Altersvorsorge und Wohlstand – gekostet, weil Sie sich für den falschen Fonds bzw. eine ungeeignete Geldanlage entschieden hätten.

> „Beratungsfehler" wie falsche, fehlerhafte oder unvollständige Unterlagen von Banken oder Versicherungen oder die Empfehlung ungeeigneter Anlageformen ist für Laien kaum durchschaubar und selbst für Finanzexperten

2.3 · Schlecht beraten und verkauft...

oft nicht auf Anhieb erkennbar. Da hilft nur eines: sich selbst vom Wahrheitsgehalt der Aussagen überzeugen und konsequent nachrechnen, bevor man es riskiert, einen Vertrag abzuschließen. Dabei können unabhängige Finanzberater helfen.

■ **Berater im Interessenkonflikt**

Eine Bank ist ein kaufmännisches Unternehmen, das daran interessiert ist, seine Produkte gewinnbringend zu verkaufen. Jeder Berater müsste dem Kunden im Klartext sagen, dass die Bank sein Geld für eine bestimmte Zeit gegen einen möglichst *niedrigen* Zins kaufen möchte, um selbst möglichst viel mit diesem Geld zu verdienen. Das Interesse, das Geld für den Kunden so gewinnbringend wie möglich anzulegen, ist darum begrenzt. Im Grunde leben die Banken von der Differenz zwischen den Zinsen, die sie im Kreditgeschäft erlösen (Zinserträge), und den Zinsen, die sie an ihre Kunden für Festgelder, Spargutachen usw. zahlen (Zinsaufwendungen). Wenn eine Bank beispielsweise einen Kredit mit einem Zinssatz von 4 % anbietet, erhält der Sparer auf sein Guthaben 2 %. Für die Bank ist es insofern von Vorteil, die Darlehenszinsen möglichst hoch anzusetzen und die Verzinsung von Guthaben mit einem möglichst geringen Zins vorzunehmen.

Des Weiteren verdienen Banken auch an sogenannten „Umschichtungen". Um mit dem vorhandenen Geld ständig weiter Geld zu verdienen, muss es für die Banken in Bewegung bleiben. Arbeitet es nicht schon im Kreditgeschäft zu hundert Prozent, so wird vermögenden Kunden häufig eine Umschichtung des vorhandenen Kapitals in eine „andere" Anlageform als eine „günstige Gelegenheit" empfohlen, die ihnen vermeintlich mehr Rendite bringt. Bei jeder Umschichtung fallen wieder Provisionen bzw. Kosten für den Kunden und damit Gewinne für die Bank an. Die Erfahrung zeigt jedoch, dass die Kunden dabei vielfach den Kürzeren ziehen.

> Eine alte Börsenregel besagt: **Hin und her macht Taschen leer.** Oft verdient der Kunde bei mehrfachen Umschichtungen seines Kapitals zwischen verschiedenen Anlageformen langfristig abzüglich der Kosten weniger, als wenn er einer einmal klug und überlegt gewählten Geldanlage über viele Jahre oder Jahrzehnte treu geblieben wäre. Der weltweit bekannte Börsenfachmann André Kostolany empfahl stets: „Kaufen Sie Aktien, nehmen Sie Schlaftabletten, und schauen Sie die Papiere nicht mehr an. Nach vielen Jahren werden Sie sehen: Sie sind reich." (▶ https://de.wikipedia.org/wiki/Andr%C3%A9_Kostolany). In der Tat ist dies eine der besten Methoden zur Geldvermehrung. Dass sie funktioniert, liegt am Zinseszinseffekt.

Bankangestellte können niemals zwei Herren zugleich dienen: Vorrangig dienen sie ihrem Arbeitgeber, nachrangig dem Kunden. Wenn das Beste für den Kunden das Zweitbeste für seinen Arbeitgeber wäre, wird der Berater dem Kunden empfehlen, was seiner Bank nützt. Darin liegt ein Interessenkonflikt, der sich nicht vollständig auflösen lässt. Oder, wie es Robert Kiyosaki (2002, S. 144) einmal ausdrückte: „Banker lügen nicht – sie sagen Ihnen nur nicht die ganze Wahrheit".

- **Im Dschungel der Finanzprodukte**

In Sachen Geldanlage brauchen Sie, wenn Sie sich nicht selbst einarbeiten wollen, jemanden, der nicht nur fachkompetent in finanziellen Dingen, sondern auch *neutral* ist, also nicht gebunden an ein bestimmtes Unternehmen und dessen Produkte. Das ist die Aufgabe unabhängiger Finanzberater. Sie können Ihnen helfen, Ihre Chancen am Markt zu nutzen und im Dschungel der Geldanlagemöglichkeiten die Spreu vom Weizen zu trennen.

Auf dem Markt gibt es mittlerweile eine unübersehbare Anzahl von Finanzprodukten und es sind in den letzten 15 Jahren viele weitere dazugekommen, die z. T. fantasievolle Namen tragen. Die EU-Kommission unterscheidet grob folgende Produktfamilien für Kleinanleger, die jeweils eine Vielzahl von Einzelprodukten umfassen:
— Investmentfonds (mehr dazu in ▶ Abschn. 3.1).
— Anlagen in Form von Lebensversicherungen (einschließlich fondsgebundener Lebensversicherungen)
— strukturierte Wertpapiere für Kleinanleger (z. B. Derivate, Zertifikate, Optionsscheine),
— strukturierte Termineinlagen (z. B. Derivatgeschäfte wie Zins- und Währungsoptionen).

Längst nicht alle Produkte sind einem effizienten Vermögensaufbau dienlich. Manche werfen zu geringe Renditen ab, andere sind hochspekulativ. Zertifikate etwa sind komplexe Wertpapiere und eignen sich nur für erfahrene Anleger. Es handelt sich um Schuldverschreibungen einer Bank, die – je nach eintretender Marktentwicklung – eine Rückzahlung zusichert, die größer oder kleiner als das eingesetzte Kapital sein kann. Man könnte von einer Art „Wette" sprechen, die an bestimmte Kursentwicklungen gebunden ist. Hier besteht durchaus die Möglichkeit, das eingesetzte Kapital *komplett zu verlieren!* Genauso gut können Sie auch gleich Roulette spielen, wobei bekanntlich der Spruch gilt: „Die Bank gewinnt immer."

Übrigens waren es Zertifikate, und zwar die sogenannten „Lehman-Zertifikate", die 2008 zur Pleite der Lehman-Bank führten, dem ersten

2.3 · Schlecht beraten und verkauft…

Dominostein, der umkippte und damit weitere Bankenpleiten auslöste. Die Zertifikate waren in „Schrottanleihen" (Junk Bonds) investiert und gelten als „toxisch". Sie versprechen zwar hohe Renditen, haben aber andererseits auch extrem hohe Ausfallquoten. Ihre Sinnhaftigkeit als Geldanlage darf durchaus bezweifelt werden.

Diese Produkte zu verstehen, ist nicht ganz einfach, aber auch nicht unbedingt nötig. Wenn Sie es spaßeshalber mal versuchen wollen, empfehle ich Ihnen ein fünfminütiges humorvolles Youtube-Video des Finanzkabarettisten Chin Meyer, der anhand von „Fuselanleihen" sehr verständlich, witzig und fantasievoll erklärt, wie die Finanzprodukte funktionieren, die seinerzeit die Bankenkrise verursachten: ▶ https://www.youtube.com/watch?v=ui2FaoG24no (oder bei Youtube „Finanzgeschäfte 1 A erklärt" in die Suchmaske eingeben). Sie werden schnell merken, dass „Fuselanleihen" sicher nicht das sind, was Sie sich für Ihren Vermögensaufbau oder Ihre private Altersvorsorge vorgestellt haben.

> Viele auf dem Markt angebotene Finanzprodukte sind für den Aufbau eines Vermögens oder einer privaten Altersvorsorge ungeeignet, weil sie entweder so geringe Renditen abwerfen, dass Sie mittel- bis langfristig durch die Inflation einen Wertverlust erleiden (vgl. ▶ Kap. 4), oder weil sie so hochspekulativ sind, dass Ihnen schlimmstenfalls ein Totalverlust drohen kann. Beides sollte bei der Auswahl einer geeigneten Geldanlageform ausgeschlossen werden. Es gilt, die „goldene Mitte" zu finden.

- **Der Markt der Finanzberater**

Es gibt insgesamt vier verschiedene Arten von Finanzberatern:
1. „Verkäufer" bzw. angestellte Bankberater,
2. (Handels-)Vertreter von Instituten, meist Versicherungen, oft mit eigener Niederlassung bzw. mit eigenem Büro außerhalb des Unternehmens,
3. unabhängige Versicherungs- und Finanzmakler sowie
4. Honorarberater.

Die erste Gruppe mit ihren Interessenkonflikten habe ich bereits vorgestellt. Ein **(Handels-)Vertreter** ist genau wie ein angestellter Berater von dem Unternehmen abhängig, das er jeweils vertritt. Er befindet sich also ebenfalls in einem Interessenkonflikt zwischen den Ansprüchen des Kunden und denen seines Auftraggebers. Eine neutrale Beratung können Sie von ihm nicht erwarten. Ein Vertreter hat lediglich die Pflicht, Sie als Kunden bedarfs- und anlegergerecht zu beraten, aber nur über das Ihnen angebotene, einzelne Produkt. Sie erhalten von ihm – ebenso wie von Bankberatern –

keine „vergleichenden Aufstellungen", aus denen Sie die unterschiedlichen Renditen und Ablaufwerte verschiedener Produkte *unterschiedlicher Anbieter* ersehen können.

Wenn Ihnen überhaupt „Vergleiche" präsentiert werden, dann stets zwischen verschiedenen *hauseigenen* Produkten. Wenn es um den Abschluss einer Versicherung oder um die Zeichnung eines Investmentfonds geht, wird der Vertreter Sie also nicht informieren, wenn die Konkurrenz bessere Produkte im Angebot hat. Er haftet auch nicht für Schäden, die Ihnen dadurch entstehen, dass er Ihnen nicht das bessere Konkurrenzprodukt empfohlen hat; er haftet lediglich, wenn er Sie „falsch beraten" hat, das heißt, wenn er Sie nicht ausreichend über das mit dem Vertragsabschluss verbundene Risiko oder die Funktionsweise des betreffenden Produktes aufgeklärt hat.

Finanzmakler sind im Unterschied zu den beiden erstgenannten Gruppen unabhängig und vertraglich nicht an eine bestimmte Versicherungs- oder Fondsgesellschaft gebunden. Zu den Maklern gehören Versicherungs- und Finanzmakler, die auch andere Finanzprodukte wie z. B. Investmentfonds vermitteln. Unter den Maklern gibt es auf dem Markt viele kleine Einzelunternehmer und einige große Vertriebe, wie z. B. die Swiss Life Select Deutschland, ehemals AWD, die MLP Finanzberatung SE, Bonnfinanz und Global Finanz.

Von Finanzmaklern können Sie eine neutrale Beratung erwarten, ebenso den Vergleich und die Prüfung verschiedener Anlageformen auf ihre Rendite. Die Entlohnung von Maklern erfolgt bei Versicherungsverträgen durch eine Provision und bei Investmentprodukten wie Fonds über den Ausgabeaufschlag (vgl. ▶ Abschn. 3.2) und eine Bestandsprovision. Bei Vermögensanlagen sollten Sie stets kritisch hinterfragen, ob der Makler aufgrund seiner Expertise wirklich eine Auswahl der besten Investments kennt und empfehlen kann.

Versicherungsmakler sind in einem öffentlichen Register der Industrie- und Handelskammer eingetragen. Unterlaufen ihnen bei einer Beratung Fehler, so haften sie für etwaige Schäden. Dementsprechend sind sie gesetzlich verpflichtet, eine Vermögensschadenshaftpflichtversicherung abzuschließen, die solche Schäden abdeckt. Auch ein Finanzmakler, der die Zulassung hat, öffentlich zugängliche Investmentfonds zu vermitteln, ist registrierungspflichtig und gesetzlich verpflichtet, sich gegen Vermögensschäden haftpflichtzuversichern.

Die vierte Gruppe der **Honorarberater** erbringt ausschließlich Beratungsleistungen gegen Honorar. Eine Produktvermittlung ist nur dann zulässig, wenn keine Provisionen dafür vereinnahmt werden. Für Honorarberater ist der Abschluss einer Vermögensschadenshaftpflichtversicherung vorgeschrieben; sie haften bei etwaiger fehlerhafter Beratung. Honorarberater gibt es beispielsweise im Bereich der Finanzanlagen oder im Bereich der Versicherungen.

> Ein unabhängiger Finanzmakler oder Finanzberater steht in keinem Interessenkonflikt mit einem Finanzinstitut. Sie können generell davon ausgehen, dass er auf die Wahrung *Ihrer* Interessen bedacht ist. Auf der Basis Ihrer Wünsche und Bedürfnisse trifft er aus der großen Palette der am Markt angebotenen Produkte eine Vorauswahl der für Sie lohnendsten. Nach entsprechender Erörterung können Sie dann entscheiden, welches Produkt für Sie das passende ist.

In Deutschland gibt es insgesamt knapp 193.000 Finanzberater der Gruppen 2 bis 4 (Stand: Januar 2022). Die meisten davon sind Versicherungsvermittler, nur 40.000 vermitteln Finanzanlagen wie Investmentfonds (vgl. Finanzerfahrungen 2023).

In den letzten Jahren ist zu beobachten, dass die Anzahl der Berater in den Gruppen zwei bis vier kontinuierlich sinkt. Dass es immer weniger Finanzberater gibt, liegt einerseits am schlechten Ruf der Branche, wie das Portal „Finanzerfahrungen" feststellt, und andererseits daran, dass sich das Finanzgeschäft mehr und mehr ins Internet verlagert. Auf zahlreichen Onlineportalen können Sie inzwischen direkt ohne Vermittler eine Vielzahl von Verträgen abschließen, gleich ob es sich um Kredite oder verschiedene Formen der Geldanlage handelt. Das vereinfacht auf der einen Seite das Procedere und führt auch zu einer Verringerung von Provisions- und Honoraraufwendungen, trägt aber nicht unbedingt zur Transparenz des Marktes bei.

Wer als Kunde nicht genau weiß, was er will oder braucht, riskiert es, auch im Internet ohne jede Beratung ein völlig ungeeignetes Produkt auszuwählen. Nach wie vor ist es also Ihre Aufgabe als Endverbraucher, sich selbst über Finanzdinge zu informieren und kundig zu machen, bevor Sie Gefahr laufen, Ihr Geld buchstäblich aus dem Fenster zu werfen und sich „arm zu sparen", anstatt ein Vermögen aufzubauen, das Sie im Alter ruhig schlafen lässt und absichert. Endverbraucher haben heute eine deutlich höhere Verantwortung für ihre Finanz- und Ruhestandsplanung zu tragen als frühere Generationen, deren gesetzliche Renten noch sicher waren.

Zusammenfassung

Studien zeigen seit mehr als 14 Jahren, dass es den Bürgern in Deutschland an finanziellem Grundwissen fehlt. Sie kennen nur wenige traditionelle Finanzprodukte (z. B. Sparbuch, Festgeld, Lebensversicherung) und unterliegen bei vielen Produkten gravierenden Irrtümern (z. B. Rentenfonds).

Dies führt dazu, dass viele Verbraucher die Risiken wie auch die Renditen verschiedener Geldanlageprodukte völlig falsch einschätzen, die Inflation nicht berücksichtigen und auf natürliche Weise eintretende Effekte wie den Zinseszinseffekt nicht für sich nutzen können. Sie wählen einerseits ungeeignete Geldanlageprodukte und vertrauen andererseits den Produktversprechen sog. „Berater" – oftmals Verkäufern – blind, weil sie die Aussagen von Banken und Versicherungen nicht nachprüfen oder nachrechnen können.

So kommt es, dass viele aus Übervorsicht heraus ihr Geld in renditeschwachen Produkten mit minimalem Zins anlegen und es nicht schaffen, im Laufe ihres Lebens ein mehr oder minder großes Vermögen aufzubauen, also ihr Geld für sich arbeiten zu lassen. Eine private Altersvorsorge bleibt damit auf der Strecke.

Unabhängige Finanzmakler und -berater können helfen, angebotene Geldanlage-Produkte kritisch zu durchleuchten.

Die Welt der Aktien und Fonds

Inhaltsverzeichnis

3.1   Einzelaktien, Aktien- und Investmentfonds – die Fakten – 38

3.2   Aktive versus passive Investmentfonds – 43

3.3   Risikobetrachtung: Wie sicher sind Aktien und Aktienfonds? – 49

„Das Geld ist für den Tausch entstanden, der Zins aber weist ihm die Bestimmung an, sich durch sich selbst zu vermehren." (Aristoteles)

© Der/die Autor(en), exklusiv lizenziert an Springer Fachmedien Wiesbaden GmbH, ein Teil von Springer Nature 2024
W. Stubenrauch, *Sicher anlegen statt sparen*,
https://doi.org/10.1007/978-3-658-43493-9_3

3.1 Einzelaktien, Aktien- und Investmentfonds – die Fakten

- **Im falschen Film?**

Als ich vor rund 25 Jahren anfing, mich mit dem Thema Geldanlage intensiver zu befassen, waren für mich Vermögens- oder Finanzberater allesamt als unseriös abgestempelt und nicht vertrauenswürdig. Während meiner jahrzehntelangen Tätigkeit als Steuerberater hatte sich dieser Berufsstand bei mir keinen guten Namen gemacht. Dementsprechend hatte ich auch sehr feste Vorstellungen bzw. „Vorurteile", was die Renditen von Geldanlagen anging. Mit anderen Worten: Ich hielt – wie so viele Endverbraucher – niedrige Renditen oder Zinsen im unteren einstelligen Bereich für das einzig Mögliche, das mit einer Geldanlage „seriöserweise" zu machen war. Schließlich hatte ich das ja oft genug von Banken und Versicherungen gehört.

Das änderte sich allmählich, als ich auf einen Vortrag zum Thema „Sicherung meiner Vermögenswerte im neuen Jahrtausend" aufmerksam wurde. Er wurde von dem mir bis dahin unbekannten Volkswirt Dr. Klaus Jung der Dr. Jung & Partner GmbH gehalten. Er zeigte in seinem Vortrag im Jahre 2000, wie bei „intelligenten Kapitalanlagen" bereits seit fast 70 Jahren durchschnittliche Renditen bis zu 13,4 % jährlich (auf Dollar-Basis) erwirtschaftet worden seien. Gleichzeitig plädierte er dafür, dass eine wirklich gute Kapitalanlage ohne Wenn und Aber und ohne Kündigungsfrist jederzeit verfügbar sein müsse und der durchschnittliche Wertzuwachs mehr als 10 % betragen solle.

Wie Sie sich denken können, war ich skeptisch. Ich glaubte zunächst, wieder einmal mit einem der üblichen „windigen Versprechen" irgendeiner der unzähligen „Beratungsinstitute" gelockt zu werden, wie schon so oft in der Vergangenheit. Renditen im zweistelligen Bereich konnten gar nicht sein und schon gar nicht längerfristig sicher. Das war für mich unglaubwürdig, und mir hatte meine innere Stimme immer geraten: „Lass die Finger davon, dann kannst du auch kein Geld verlieren!"

Am nächsten Tag hatte ich Gelegenheit, mir den Vortrag an einem anderen Ort noch einmal anzuschauen und ich erhielt ihn später sogar als Video, sodass ich mich in aller Ruhe mit den Inhalten und den vorgetragenen Argumenten befassen konnte.

Nach Beendigung des Vortrages kam ich am Buffet mit einem Herrn ins Gespräch, der erzählte, dass er sich bereits seit Längerem Dr. Jung mit gutem finanziellem Erfolg anvertraut habe. Zuvor habe er jedoch ein Gespräch mit seiner Bank geführt und sich erkundigt, wer Dr. Jung denn eigentlich sei und

3.1 · Einzelaktien, Aktien- und Investmentfonds – die Fakten

ob man ihm bzw. seinem Unternehmen überhaupt Vertrauen entgegenbringen könne. Die Antwort der Bank: „Dr. Jung ist zwar nicht gerade unser Freund, aber was er sagt, stimmt!"

Dieser Satz prägte sich mir damals ein und bewog mich, trotz anfänglicher großer Zweifel, immer wieder über die so bezeichneten „intelligenten" Kapitalanlagen nachzudenken und verschiedene Aussagen nachzuprüfen und konkret nachzurechnen.

Dr. Klaus Jung, seit 1958 unabhängiger Investmentberater und zugleich Geschäftsführer der Dr. Jung & Partner GmbH mit damals ca. 800 unabhängigen Vertriebspartnern, hatte damals die Behauptung aufgestellt: **„Aktienfonds – es gibt längerfristig nichts Besseres."**

In meinem Leben hatte ich bisher keinen Gedanken daran verschwendet, mit Aktienfonds ein Vermögen zu bilden. Es war das erste Mal, dass mir in meiner langjährigen Berufslaufbahn von fast 40 Jahren persönlich das Ansparen in Aktienfonds empfohlen wurde. Auch von keinem meiner Mandanten, die ich als Steuerberater betreute, hatte ich jemals gehört, dass sie in Aktienfonds investierten oder sie beispielsweise zur Finanzierung eines Kredits auf der Basis als Tilgungsersatz genutzt hätten. Wahrscheinlich waren die Gründe immer dieselben: Man wusste einfach nicht, dass gute Aktienfonds langfristig sicher sind, weil einem niemand davon erzählt hatte.

Heute würde ich die Aussage von Dr. Jung unterschreiben, doch damals war das Ganze irgendwie für mich nicht greifbar – war ich vielleicht doch im falschen Film? Nach etwa eineinhalb Jahren intensivster Beschäftigung mit dieser für mich als diplomiertem Finanzwirt besonders interessanten Thematik stellte ich nach und nach fest: Dr. Jung könnte Recht haben. Generell konnte ich seine These nachvollziehen und bestätigen, aber nicht alle Aktienfonds waren gleich gut. Schauen wir uns „Aktien" und „Aktienfonds" genauer an.

- **Einzelaktien versus Fonds**

Aktien sind Wertpapiere, die von großen Unternehmen – genauer gesagt: von Aktiengesellschaften (AGs) – herausgegeben werden. Sie tun dies, um für ihr weiteres Wachstum stets genügend Kapital zur Verfügung zu haben. Aktien werden an der Börse gehandelt, also ge- und verkauft. Wer eine oder mehrere Aktien eines Unternehmens erwirbt, also Aktionär wird, besitzt einen gewissen Anteil an dem betreffenden Unternehmen und ist damit auch an seinen Gewinnen beteiligt, die in Form von sog. *Dividenden* ausgeschüttet werden. Die Rechte der Aktionäre sind durch das Aktiengesetz geschützt, so etwa der Anspruch auf eine Gewinnbeteiligung und auf Bezugsrechte bei Kapitalerhöhungen. Der Aktionär hat als Teilhaber des Unternehmens das

Recht, bei der jährlichen Hauptversammlung der AG Auskünfte über die Geschäftsentwicklung zu verlangen und an Wahlen und Abstimmungen teilzunehmen.

> Weil ein Unternehmen eine „Sache" ist, sind Aktien *Sachwert-, keine Geldwertanlagen*. Das ist der wesentliche Unterschied zu all den Finanzprodukten, die Banken und Versicherungen anbieten. (Neben Aktien sind z. B. auch Immobilien, Edelmetalle, Oldtimer, Gemälde und andere wertvolle Gegenstände Sachwerte.) Geldwertanlagen unterliegen wesentlich stärker einem Wertverlust durch Inflation als Sachwertanlagen, die sich häufig auch unabhängig von Teuerungen positiv entwickeln.

Unternehmen sind stets bestrebt, Gewinne zu erwirtschaften, denn sonst könnten sie langfristig nicht überleben. Sie sind auch bestrebt, dass diese Gewinne höher ausfallen als die jeweilige Inflationsrate. Erwirtschaftete Gewinne werden nie in voller Höhe als Dividenden an die Aktionäre ausgeschüttet – in der Regel sind es nur 30 bis 50 %. Der verbleibende Betrag wird regelmäßig dem Vermögen des Unternehmens zugeführt, bei Aktiengesellschaften hauptsächlich als sog. Gewinnrücklagen, die dem Eigenkapital der Gesellschaft zuzurechnen sind. Dies dient dazu, die finanzielle Lage des Unternehmens zu stärken, ob als Vorsorge für schlechte Zeiten oder um verfügbare Mittel für Investitionen oder für Forschung und Entwicklung vorzuhalten, was letztlich wieder zu einer Verbesserung der Gewinnsituation beiträgt. Eine ausreichende Eigenkapitaldecke vermindert Risiken, bietet Sicherheit und verschafft dem Unternehmen Freiheit. Davon profitiert der Aktionär: zum einen über die Ausschüttung der Dividenden, zum anderen auch über die allgemeine Wertsteigerung des Unternehmens, die in steigenden Kursen zum Ausdruck kommt. Insoweit ist der Besitz von Aktien vorteilhaft.

Nun mögen Sie einwenden, dass man als Laie, der weder mit der Börse noch mit Unternehmen verschiedener Branchen oder mit deren Entwicklung zu tun hat, nicht einschätzen kann, welche Aktien welcher Unternehmen gut und empfehlenswert sind und worauf man beim Kauf oder Verkauf achten sollte. In der Tat ist es für Laien, die nicht täglich die Börsenkurse intensiv studieren wollen, schwierig, gute Aktien zu finden, diese zu einem günstigen Zeitpunkt zu erwerben und bei einem bevorstehenden Verlust ebenso rechtzeitig wieder zu verkaufen. Auch fehlt es einem Kleinanleger an genügend Kapital, um gegebenenfalls sein Risiko durch Erwerb von Aktien unterschiedlicher Unternehmen angemessen zu streuen.

3.1 · Einzelaktien, Aktien- und Investmentfonds – die Fakten

Hier kommen *Fonds* ins Spiel: Aktienfonds gehören zu den sog. „Investmentfonds". Fonds entbinden den Anleger von der Aufgabe, wie ein „Trüffelschwein" stets nach den lukrativsten oder vielversprechendsten Einzelaktien Ausschau zu halten und seine Zeit mit dem Kauf und Verkauf von Aktien zu verbringen. Wer in einen Fonds investiert, überlässt die Auswahl der einzelnen Aktien bzw. Unternehmen, in die investiert wird, der jeweiligen Fondsgesellschaft und braucht sich um nichts zu kümmern, außer darum, seinen monatlichen Sparplan einzuhalten oder die Einmalzahlung zu leisten. Fonds sind als Geldanlage ideal für alle, die sich gerade nicht mit einzelnen Unternehmen und Aktien beschäftigen wollen.

Ein „Fonds" – abgeleitet von lateinisch „fundus" für „Vorrat, Sammlung" – kann man sich bildlich als einen großen Geldtopf, einen Vermögensstock, vorstellen, in den viele Anleger Geld einzahlen. Investmentfonds werden von Kapitalanlagegesellschaften aufgelegt, die zu Banken gehören oder unabhängig sind, und in Anteilen an eine große Zahl von Anlegern verkauft. Investmentfonds sind Finanzinstrumente, die das Ziel haben, das Kapital der Anleger zu sammeln und zum Zweck der Geldvermehrung bzw. Wertsteigerung anzulegen.

Es gibt verschiedene Arten von Investmentfonds, die je nach Ausrichtung in unterschiedliche Wertpapiere investieren.

- Die bereits erwähnten *Rentenfonds* investieren in verzinsliche Wertpapiere wie Staatsanleihen oder Anleihen von Unternehmen. Sie haben meist sehr geringe Renditen. Und sie dienen – um es nochmals zu betonen – nicht dem Ziel, dass sich die Anleger eine „private Rente" aufbauen. Vielmehr ist der Sinn des Ganzen, dass sich Staaten über Anleihen bzw. Schuldverschreibungen am Kapitalmarkt Geld leihen, um Liquiditätsengpässe im Staatshaushalt zu beseitigen. Im Gegenzug dafür, dass die Anleger den Staaten das benötigte Geld zur Verfügung stellen, erhalten sie Zinsen – allerdings nur so geringe, dass es dem Vermögensaufbau nicht dienlich ist.
- *Geldmarktfonds* beziehungsweise geldmarktnahe Fonds legen das Kapital in verzinslichen Wertpapieren mit relativ kurzer Restlaufzeit oder Zinsbindung unter einem Jahr an. Dazu gehören zum Beispiel Tagesgelder oder Termingelder.
- *Offene Immobilienfonds* investieren überwiegend in Gewerbeimmobilien wie z. B. in Büros, Einkaufszentren oder Hotels. Das Anlagevermögen wird auf verschiedene Standorte, Regionen oder Arten der Immobiliennutzung verteilt. Anleger profitieren von den Mietzahlungen, von den Wertsteigerungen der Immobilien und von deren erfolgreichem Verkauf.

- *Aktienfonds* investieren das Geld in Aktien börsennotierter Unternehmen. Anleger erwerben keine Einzelaktien, sondern werden Teilhaber einer ganzen Reihe verschiedener Unternehmen. Aktienfonds können unterschiedliche Anlageschwerpunkte haben und sich beispielsweise auf Unternehmen bestimmter Regionen, Länder oder Branchen konzentrieren.
- Der Vollständigkeit halber seien noch *Mischfonds* erwähnt, die mehrere Anlageklassen (Aktien, Renten, Immobilien, Rohstoffe) miteinander kombinieren. Das Fondsmanagement kann die Gewichtung der Anlageklassen je nach Marktlage verändern, um die Rendite der Anleger zu erhöhen.
- Außerdem gibt es noch *Dachfonds*, die in mehrere einzelne Investmentfonds investieren (mehr dazu in ▶ Abschn. 5.4).

■ **Ausschüttende und thesaurierende Investmentfonds**

Ausschüttende Fonds basieren auf einer regelmäßigen Auszahlung der Gewinne – also Dividenden, Zinsen und Ertragsausschüttungen – an die Anleger. Bei thesaurierenden Fonds werden alle Gewinne automatisch reinvestiert und nicht ausgeschüttet. Wer vom Zinseszins profitieren und langfristig investieren möchte, weil er die Absicht hat, ein Vermögen aufzubauen oder sich eine private Altersversorgung zuzulegen, der sollte seine Gewinne thesaurieren. Durch den Zinseszinseffekt sind die Gewinne am Ende einer längerfristigen Periode dann deutlich höher; idealerweise haben sie sich sogar mehrmals verdoppelt (vgl. ▶ Abschn. 1.2).

In der Regel wird von den Unternehmen, in die der Fonds investiert, nur ein kleiner Teil des Gewinns in Form von Dividenden ausgeschüttet, die meistens jedoch relativ bescheiden ausfallen. Viel wichtiger aber ist die Frage: Wenn z. B. ein namhaftes Unternehmen einen Gewinn von z. B. 5 Mrd. € erwirtschaftet und 50 % – meistens erheblich weniger – ausschüttet, wo bleibt dann die Differenz? Das verdiente Geld verschwindet nicht einfach, sondern verbleibt im Unternehmen, um es immer auf Wachstumskurs zu halten. Daraus werden Investitionen, Ausgaben für Forschung und Entwicklung etc. bestritten, die das Unternehmen auf Wachstumskurs halten, auch wenn man dies nicht unbedingt sofort aus der Kursentwicklung ablesen kann. Börsenkurse hängen von vielen Faktoren ab, z. B. von der allgemeinen Marktentwicklung oder von positiven oder negativen Marktnachrichten. Auch nachteilige Informationen über einzelne Unternehmen können die Kursentwicklung erheblich beeinflussen. Irgendwann aber nimmt auch die Börse wieder wahr, wenn inzwischen Gewinne angehäuft worden sind und es sich wieder lohnt, in solche Unternehmen zu investieren – und damit steigen die Kurse erneut, weil Angebot und Nachfrage auch in diesem Bereich den Preis regeln: Je mehr Menschen die Aktie kaufen, umso höher steigt der Kurs. Wer in einen Aktienfonds investiert, ist somit nicht nur an den Gewinnen der Unternehmen, sondern auch an deren Wachstum beteiligt.

3.2 Aktive versus passive Investmentfonds

Investmentfonds sind in den letzten Jahren immer beliebter geworden, und ihre Zahl ist stark angestiegen, gerade darum, weil sie so beliebt und auch für Anleger ohne Börsen- oder Finanzwissen leicht zu handhaben sind. Nach Auskunft des Fonds-Handbuchs der Börse Frankfurt (vgl. Borse und Vogt 2014) gibt es in Deutschland rund 7000 Investmentfonds, weltweit mehr als 131.000, mit steigender Tendenz, denn ihre Anzahl wächst jährlich weiter (vgl. Statista 2022a). Im deutschen Fondsmarkt wurden 2022 3,8 Mrd. € verwaltet, 2011 waren es erst die Hälfte (vgl. Hausinvest 2023).

▪ So funktionieren die beiden Fondsarten

Bei allen Arten von Investmentfonds unterscheidet man zwischen aktiven und passiven. Passive Fonds werden nicht von Managern betreut, sondern bilden einfach einen sog. „Index" ab, das heißt, sie halten Beteiligungen an allen Unternehmen, die in dem betreffenden Index enthalten sind. Hier „handeln Computer die Papiere", um es mit Holzki auszudrücken (vgl. Holzki 2018). Das heißt, die Fonds werden voll automatisiert dem jeweiligen Index angepasst. Jeder Index umfasst eine Gruppe von Werten und stellt kontinuierlich dar, wie sich diese im Zeitablauf entwickeln.

Bekannt sind z. B.

- der Deutsche Aktienindex (DAX 40), der die Aktienkursentwicklung der 40 größten und liquidesten Unternehmen in Deutschland abbildet,
- der MDAX, der die 60 deutschen Unternehmen umfasst, die unmittelbar hinter den DAX-Unternehmen die zweitgrößten sind,
- der TecDAX, der die 30 größten, börsennotierten Technologieunternehmen Deutschlands enthält,
- der EURO STOXX 50, der die 50 größten, börsennotierten Unternehmen im Euro-Währungsgebiet repräsentiert,
- der Dow Jones, der die 30 größten US-amerikanischen Unternehmen enthält,

- der S&P 500, der als Leitindex der US-Wirtschaft gilt und die 500 größten, börsennotierten Unternehmen der USA umfasst,
- der Nikkei 225, Leitindex der japanischen Wirtschaft mit 225 japanischen Unternehmen an der Tokioer Börse, und der
- der MSCI World, Leitindex für die Volkswirtschaften aller Industrieländer mit 1600 börsengelisteten Unternehmen aus 23 Industriestaaten.

Passive Investmentfonds spiegeln also von der Anlagestrategie her die Wertentwicklung des jeweiligen Index wider, dem sie folgen bzw. den sie „kopieren". Ändert sich der Index in seiner Zusammensetzung, weil gewisse Unternehmen herausfallen und dafür andere aufgenommen werden, so folgt der Fonds dieser Entwicklung 1:1. Passive Fonds wollen die gleiche Rendite erzielen wie der gewählte Referenzindex – nicht mehr, aber auch nicht weniger.

Demgegenüber werden die *aktiven* Investmentfonds von Fondsmanagern verwaltet und gesteuert. Sie führen mit Hilfe von Analysten Marktanalysen durch, spüren Trends und mögliche Gewinnchancen bei vielversprechenden Unternehmen auf und steuern auf dieser Basis aktiv den Kauf und Verkauf von Aktienanteilen ihrer Anleger mit dem Ziel, möglichst hohe Renditen zu erwirtschaften. Idealerweise sollte dabei derjenige Index, der als Referenz bzw. Vergleichswert herangezogen wird, geschlagen werden; es sollten also höhere Renditen erzielt werden als bei diesem Index.

Passive Fonds werden seit rund 15 Jahren in sog. ETFs gehandelt, in *Exchange Traded Funds,* also in „börsengehandelteFonds". Mit Hilfe von passiven wie auch aktiven Fonds kann jedermann und jedefrau, unabhängig von der Höhe seines oder ihres Kapitals, in den Aktienmarkt einsteigen und damit in Sachen Vermögensaufbau durchstarten. Neben einmaligen Anlagen ist auch monatliches Sparen mit flexibler Änderung der Sparraten möglich und durchaus empfehlenswert. ETFs werden heute an der Börse gehandelt und können dort online jederzeit und täglich gekauft und verkauft werden.

ETFs wurden erst vor 30 Jahren erfunden und erleben in den letzten Jahren einen wahren Boom, was nicht zuletzt mit der zunehmenden Digitalisierung zu tun hat: War es früher schwierig und erforderte aufwendige manuelle Berechnungen, um festzustellen, wie sich die Kurse einer Vielzahl von Unternehmen entwickeln, so geschieht dies heute digital mit Hilfe von Algorithmen.

ETFs bzw. börsengehandelte Fonds, die sich einfach an einen bestimmten Referenzindex „dranhängen" und dementsprechend voll automatisiert bzw. digitalisiert Aktienanteile kaufen oder verkaufen, profitieren von dieser Entwicklung. Die Digitalisierung und die damit verbundene Möglichkeit, durch Verarbeitung großer Datenmengen hochwahrscheinliche Prognosen zu erstellen, ist auch der Grund dafür, dass die Anzahl der Indizes, die unter bestimmten Kriterien (Branche, Region, Land usw.) die jeweils erfolgreichsten Unternehmen zusammenfassen, gegenüber früheren Jahrzehnten stark angestiegen ist.

- **Ausgabeaufschlag und Verwaltungsgebühren**

Die jährlichen Verwaltungsgebühren für passive und aktive Fonds sind unterschiedlich: Bei passiven Aktienfonds betragen sie meist unter 0,5 %, bei aktiven Fonds liegen sie zwischen 1,5 und 2,5 %. Zusätzlich fällt bei aktiven Fonds ein **Ausgabeaufschlag** von meist 5 % an, der sofort beim Erwerb der Fondsanteile vom Einzahlungsbetrag einbehalten wird. Dieser Aufschlag entspricht, vereinfacht gesagt, der „Provision", wie sie bei Geldanlageprodukten von Banken und Versicherungen anfallen.

Verwaltungsgebühren und Ausgabeaufschlag sollten aber kein Argument für die Auswahl eines geeigneten Aktienfonds sein. Denn wie ich bereits im letzten Kapitel (▶ Abschn. 2.3) ausführte, kommt es in erster Linie auf den Nutzen einer Geldanlage an, nicht auf die „Gebühren", die bei jedem Abschluss immer in der einen oder anderen Form anfallen – gleich wie diese nun im Einzelfall genannt werden. Ich habe nachfolgend (◘ Tab. 3.1) an einem theoretischen Beispiel ausgerechnet, welchen Einfluss der Ausgabeaufschlag langfristig auf die Rendite hat.

◘ **Tab. 3.1** Auswirkung des Ausgabeaufschlags auf die Rendite bei Aktienfonds (theoretisches Beispiel)

Ergebnisvergleich	Mit Ausgabeaufschlag		Ohne Ausgabeaufschlag	
Anlage von 100 € monatlich über 30 Jahre (Summe der Einzahlungen = 36.000 €)	5,00 %	Rendite in % nach Kosten	0 %	Rendite in %
Ergebnis (angenommene Rendite in Höhe von 7 % p.a.)	112.050	6,74 % p.a.	117.650	7 % p.a.

> **Tipp**
>
> Unter ▶ https://www.finanzfluss.de/rechner/etf-kostenrechner/ finden Sie einen Rechner, bei dem Sie die Kosten für ETFs und aktive Fonds einfach miteinander vergleichen können.

Sie ersehen daraus, dass es relativ unwichtig ist, ob Sie einen Ausgabeaufschlag von 5 % wie in diesem Fall zahlen oder nicht, denn er führt nur zu einer geringeren Rendite von ca. 0,26 %. Ein Ausgabeaufschlag ist nicht von Bedeutung, wenn Sie die Chance haben, eine wesentlich höhere Rendite zu erzielen, die weit über der Differenz von 0,26 % liegt. Im Übrigen gibt es heute im Internet zahlreiche Finanzportale, die Ihnen zusichern, auf den Ausgabeaufschlag zu verzichten, wenn Sie dort einen Fonds zeichnen. Es gibt also mittlerweile Möglichkeiten, den Aufschlag zu umgehen.

Wesentlich sind bei einer Kapitalanlage nicht die Kosten, sondern der Wert, den man für sein Geld bekommt. Bei einer Kapitalanlage bekommen Sie nicht den höchsten Wert, wenn Sie in erster Linie „Kosten sparen" wollen. Wenn Sie klug sind, folgen Sie dem Rat eines unabhängigen Experten und versuchen nicht, selbst einer zu sein. Und bedenken Sie: Guter Rat muss nicht unbedingt teuer sein, aber alles, was umsonst ist, taugt meistens auch nichts. „Nehmen Sie das niedrigste Angebot an, müssen Sie das Risiko eingehen, etwas hinzuzurechnen. Und wenn Sie das tun, dann haben Sie auch genug Geld, um für etwas Besseres zu bezahlen", so der englische Sozialreformer John Ruskin im 19. Jahrhundert.

- **Sind aktive oder passive Fonds besser?**

Seit dem Siegeszug der ETFs, die sich großer Beliebtheit erfreuen, hat das Ansehen von Fondsmanagern ein wenig gelitten – insbesondere dann, wenn sie den gewählten Vergleichsindex eben nicht übertreffen konnten, sondern dahinter zurückfielen. Da bei aktiven Fonds zusätzliche Gebühren anfallen, fühlen sich Anleger natürlich benachteiligt, wenn sie feststellen, dass ihre Erwartungen in das aktive Management eines Fonds, eine überdurchschnittlich hohe Rendite zu erzielen, nicht erfüllt wurden.

In der Finanzwelt scheiden sich die Geister, ob aktive oder passive Fonds nun besser sind. In seinem Buch „Überlegen investieren" bestätigt Jeremy Siegel, ehemaliger Professor für Finanzwissenschaften an der Wharton School der University of Pennsylvania, dass ETFs „zwar gute Renditen" ermöglichen, dass es aber „bessere Möglichkeiten gibt, reich zu werden" (Siegel 2007, S. 36). So weist er nach, dass ein Investment in die 4 besten Aktien

3.2 · Aktive versus passive Investmentfonds

im Dow Jones von 1950 bis 2003 zu einer Rendite von 14,9 % geführt, ein entsprechendes Investment im Index aber nur 11,44 % an Rendite erbracht hätte. Eine Anlage von 4000 USD im Index (ein dem Dow Jones nachgebildetes Papier) hätte zu einem Wert von 1,1 Mio. Dollar, der gleiche Betrag in die vier besten Aktien investiert zu einem Wert von 6,3 Mio. Dollar geführt. Das ist in etwa der vierfache Wert (vgl. Siegel 2007, S. 29).

> Meiner Ansicht nach sollten Sie in jedem Falle einen Aktienfonds und seine Entwicklung über einen längeren historischen Zeitraum – mindestens 15 Jahre – überprüfen, bevor Sie sich dafür oder dagegen entscheiden.

Bei passiven Fonds ist die Überprüfung einfach, weil Sie sich nur die Entwicklung des jeweils gewählten Index über eine Reihe von Jahren anschauen müssen. Bei aktiven Fonds ist der Vergleich etwas aufwändiger. In ▶ Kap. 5 (▶ Abschn. 5.3) habe ich Ihnen eine Tabelle (▶ Tab. 5.3) mit den 30 weltweit besten aktiv gemanagten internationalen Aktienfonds zusammengestellt und die Kriterien erläutert, die für eine Einschätzung der Performance wichtig sind.

Grundsätzlich folgen aktive und passive Fonds zwei unterschiedlichen Philosophien: Passive Fonds gehen davon aus, dass die Märkte effizient sind und sich daher die Markt- bzw. Indexrendite nicht übertreffen lässt. Dementsprechend wird in den „gesamten" Markt investiert – in die guten, aber auch in die weniger guten Unternehmen. Daher werden in den passiven Fonds größere Unternehmen überproportional vertreten sein, weil sie in der Vergangenheit bereits gut abgeschnitten haben, kleine und weniger bekannte Unternehmen hingegen nur in geringerem Maße, weil man nicht abschätzen kann, wie sie sich in der Zukunft bewähren werden. In den passiven Fonds wird immer auch eine Reihe von mittelmäßigen und weniger guten Unternehmen vertreten sein, die im Hinblick auf Unternehmensführung, ökologische Kriterien, Gewinnsituation usw. eher mäßig bis unterdurchschnittlich abschneiden. Da sie aber im Index vertreten sind, sind sie natürlich ebenso Bestandteil des ETF-Investments.

Aktive Fonds hingegen verfolgen die Strategie von „Trüffelschweinen": Sie gehen davon aus, dass durchschnittliche Marktrenditen übertroffen werden können, indem man *selektiv* die attraktivsten und besten Unternehmen auswählt. Das müssen keineswegs immer die großen und bekannten sein, sondern es können beispielsweise auch solche sein, die zwar noch klein sind, aber bereits deutliche Aufwärtstendenzen erkennen lassen. Man spricht im Fachjargon von „unterbewerteten" Unternehmen, die stark wachsen und deren Aktienanteile derzeit noch preiswert sind, aber in naher Zukunft im

Wert deutlich steigen werden. Insbesondere bei der Strategie des Value Investings (vgl. ▶ Abschn. 6.1) fahnden Fondsmanager nach solchen „Trüffeln", weil sie überproportional hohe Gewinne in den kommenden Jahren versprechen, selbst wenn sie im Augenblick noch wenig Aufmerksamkeit haben. Die Größe eines Unternehmens und dessen Erfolg in der Vergangenheit ist also nicht das wichtigste Kriterium für die Auswahl im Fonds. Zudem ist es so, dass kleine und mittlere Unternehmen oft mehr Möglichkeiten haben, ihre Gewinne schneller zu steigern als große und auch darum attraktiver sind.

Ein weiterer Vorteil aktiv gemanagter Fonds besteht darin, dass das Fondsmanagement auch Unternehmen nach den sog. „ESG-Kriterien" auswählen kann. Damit ist die Berücksichtigung von Aspekten der Umwelt (Environment), des Sozialen (Social) und der verantwortungsvollen Unternehmensführung (Governance) gemeint. Durch die breite Aufstellung der passiven Fonds können diese mittlerweile zum Teil ebenfalls ESG-Kriterien berücksichtigen; es können aber auch Unternehmen mit hohen Treibhausgasemissionen vertreten sein oder solche, die z. B. gegen die Menschenrechte verstoßen.

Es gibt Phasen, in den Märkte eine sog. Seitwärtsbewegung vollziehen – das heißt, dass sich die Börsenkurse weder besonders stark aufwärts noch abwärts bewegen. Solche Seitwärtstendenzen können über mehrere Jahre anhalten. In diesen Phasen kann ein aktives Fondsmanagement oftmals mehr Rendite herausholen als ein ETF, der einfach nur die Seitwärtsbewegung des Marktes mitvollzieht, wobei die Rendite stagniert.

Man kann passive Fonds mit einer Gemüsetheke beim Discount-Lebensmittelhandel vergleichen: Sie bekommen das Gemüse ausschließlich fertig in Folie verpackt. Entfernen Sie zu Hause die Folie, so stellen Sie möglicherweise fest, dass 5 bis 10 % der Ware nicht mehr frisch sind oder sogar weggeworfen werden müssen. Das konnten Sie vorher durch die Verpackung nicht erkennen. Kaufen Sie hingegen auf dem Markt ein, auf dem täglich frisches Gemüse unverpackt angeboten wird, können Sie genau auswählen, was Sie haben möchten. Gemüse, das nicht mehr frisch ist, wird entweder gar nicht am Marktstand verkauft, oder Sie nehmen einfach etwas anderes, das einen besseren Eindruck macht. Letzteres entspricht dem aktiven Fonds.

Letztlich bleibt es Ihnen überlassen, ob Sie aktive oder passive Fonds bevorzugen (vgl. ◘ Tab. 3.2). Aus meiner persönlichen Erfahrung heraus würde ich Ihnen eher aktive Fonds empfehlen. Allerdings sollten Sie unbedingt vorher in einem mehrjährigen Vergleich die Renditen verschiedener Fonds einander gegenüberstellen, bevor Sie sich entscheiden (mehr dazu in

◨ **Tab. 3.2** Gegenüberstellung: aktive und passive Fonds

Aktive Fonds sind empfehlenswert beim Fokus auf	Passive Fonds sind empfehlenswert beim Fokus auf
Chancennutzung	Kostenersparnis
langfristiges Investieren	mittel- bis kurzfristiges Investieren
höchstmögliche Rendite	Nischenthemen (z. B. „digitale Medizin"), für die es kein aktives Fondsmanagement gibt
Beratung und Service durch Profis	Unkompliziertheit, Automatisierung

▶ Abschn. 5.3). Längst nicht alle aktiven Fonds sind gleich gut und kleine Unterschiede in der Rendite können sich über einen langen Zeitraum aufgrund des Zinseszinseffektes zu einem riesigen Vermögensunterschied auswachsen. In den meisten Fällen dürften aber selbst ETFs bzw. passive Fonds schon besser abschneiden als die üblichen Geldanlageprodukte, die von Banken und Versicherungen immer wieder angeboten werden und die ich in ▶ Kap. 4 durchleuchten werde.

Im Übrigen gibt es mittlerweile auch schon die ersten „Hybride" zwischen aktiven und passiven Fonds, nämlich die sog. „aktiven ETFs". Bei diesen trifft ein Fondsmanagement gewisse Entscheidungen aktiv, nämlich z. B. darüber, inwieweit der ETF an der Indexentwicklung partizipiert. Es wird also nicht mehr nur einfach der Index „abgebildet", sondern es können gewisse Unternehmen, die im Index vertreten sind, ausgeschlossen werden. In Anbetracht des Siegeszugs der Investmentfonds in den letzten 15 Jahren ist damit zu rechnen, dass diese neue Form der aktiven ETFs, die die Vorteile beider Fondsarten zu verbinden sucht, in Zukunft noch weiter zunehmen wird.

3.3 Risikobetrachtung: Wie sicher sind Aktien und Aktienfonds?

Im Hinblick auf das Risiko von Einzelaktien und Aktienfonds bestehen unter anlageinteressierten Bürgern große Missverständnisse und viel Unwissen: Schon 2007 und 2009 führten Untersuchungen zu dem Ergebnis, dass Fondsgesellschaften den meisten Befragten nicht einmal namentlich bekannt sind. Außerdem glauben 40 % der Deutschen, Aktienfonds seien riskanter als Einzelaktien (vgl. Reents 2007; FAZ 2007; Ahlheim 2009) – eine krasse Fehleinschätzung, der auch ich unterlag, bevor ich mich mit den Aussagen von Dr. Jung befasst hatte, denn genau das Gegenteil ist der Fall.

Leider ist es auch so, dass offiziell zugelassene Finanzberater stets auf das „hohe Ausfallrisiko" bei aktienbasierten Wertanlagen hinweisen müssen – angeblich zum Schutz der Verbraucher. Anscheinend müssen alle Produkte verteufelt werden, sobald nur das Wort „Aktie" darin vorkommt, auch wenn dies sachlich nicht richtig ist.

■ **Paralysiert durch Verlustangst**

So erlebte ich es im Rahmen meiner Steuerberatung vor einigen Jahren: Ein Mandant ersuchte mich, ihn bei der Finanzierung eines Mehrfamilienhauses – mit einem Volumen von ca. 600.000 € – zu beraten. Es stellte sich heraus, dass die Sparkasse, die zugleich auch seine Hausbank war, die günstigsten Konditionen bot. Sie war auch grundsätzlich bereit, ein Finanzierungskonzept mit Ansparung des Darlehensrückzahlungsbetrages *in Aktienfonds* mitzutragen.

Am Schluss des Bankgesprächs, das ich zusammen mit meinem Mandanten führte, machte der Leiter der Sparkasse jedoch eine Bemerkung, die das ganze Konzept platzen ließ: Er gab dem Mandanten zu bedenken, dass er „im schlimmsten Fall sein in Aktienfonds Angespartes verlieren" könne.

Obwohl der Bankberater auf meinen Einwand hin seine Aussage noch korrigierte und bestätigte, dass sich dieses Risiko in Bezug auf renditestarke Aktienfonds „praktisch auf Null reduziere", kam dies bei meinem Mandanten überhaupt nicht mehr an. Er war paralysiert von der Angst vor einem Totalverlust, nachdem er solche Worte aus dem Munde seines Bankers vernommen hatte. Gedanklich war er – wie so viele Verbraucher, die über Finanzen wenig wissen – vom Sparen zum Spekulieren gesprungen (▶ Abschn. 3.3) und hatte dabei die goldene Mitte, das Investieren, völlig aus den Augen verloren.

Die Angst hat meinen Mandanten dann auch nicht mehr vernünftig überlegen lassen, um zu der Einsicht zu kommen, dass die in der längerfristigen Vergangenheit tatsächlich erzielten Renditen der besten Aktienfonds bei weitem *oberhalb* des Darlehenszinssatzes von 4,8 % gelegen haben, von den Renditen eines überdurchschnittlich erfolgreichen Fonds wie des Templeton Growth Fund ganz zu schweigen. Angenommen, er hätte in einem Aktienfonds 7 % Rendite bekommen, an die Bank aber nur 4,8 % Darlehenszinsen gezahlt, so hätte sich eine positive Differenz von 2,2 % Guthabenzinsen bzw.

Rendite zu seinen Gunsten ergeben. Er hätte also nicht nur seine Immobilie abbezahlt, sondern dabei im gleichen Zeitraum auch noch einen Gewinn erwirtschaftet (vgl. ▶ Abschn. 6.2).

Doch ihm war die Einsicht für die logische Überlegung, eine durch das Investmentgesetz geschützte Beteiligung (Sondervermögen) an den besten 100 bis 150 Unternehmen weltweit infolge der breiten Streuung eines Aktienfonds gar nicht verlieren zu können, versperrt. Ihm erging es wie der Katze, die sich auf die heiße Herdplatte gesetzt hatte und die sich deshalb auch nie mehr auf eine kalte Platte setzen wird. Für meinen Mandanten war das Thema „durch".

Letztlich hat mein Mandant das getan, was die allermeisten unbedarften Verbraucher in derselben Situation ebenfalls tun würden: Er entschied sich für ein klassisches Annuitätendarlehen, das in monatlichen Raten zurückzuzahlen ist. Vielleicht realisierte er noch, dass er mit jeder Tilgungsrate oder Sondertilgung immer nur eine Rendite erzielen konnte, die dem Zinssatz für das Darlehen, in diesem Falle 4,8 %, entsprach, aber niemals mehr. Vor allem aber verstand er den Zinseszins überhaupt nicht, der ein solches Konzept mit Ansparung in Aktienfonds überhaupt erst interessant machte!

Durch die schlechte Beratung des Bankers und das mangelnde Finanzwissen meines Mandanten entstand unter dem Strich ein irreparabler hoher finanzieller Schaden. Die Bank kann zwar anführen, sie sei nach dem Wertpapierhandelsgesetz verpflichtet, den Kunden auf das mit Aktienfondsanlagen verbundene Ausfallrisiko hinzuweisen. Es kann aber nicht der richtige Weg sein, den sog. „Tilgungsersatz in Aktienfonds" zunächst zu akzeptieren und im nächsten Schritt den Kunden darauf hinzuweisen, dass er im schlimmsten Fall sein Kapital verliere, wenn dies nicht der Wahrheit entspricht.

Möglicherweise beruhte die Aussage des Beraters auf Unkenntnis. Vielleicht ist ihm von seiner Bank bereits während seiner Ausbildungszeit, die ausschließlich in bankeigenen Akademien stattfindet, vermittelt worden, dass Aktienfondsanlagen in jedem Falle riskant seien. Zur damaligen Zeit waren die Renditen der Fonds der Sparkassengruppe (Deka-Fonds) recht niedrig und erschienen nicht unbedingt geeignet zu sein, um längerfristig eine positive Differenz zu den Darlehenszinsen aufzuweisen. Nur dann macht aber eine solche Finanzierungskonzeption Sinn. Das Konzept wird also hauptsächlich mit Aktienfonds funktionieren, die in der Vergangenheit bereits überdurchschnittliche Ergebnisse abgeliefert haben. Und in dieser Beziehung konnte das Angebot der Deka damals nicht überzeugen.

Es ist immer wieder schade, dass bei Banken sofort von „Verlustrisiko" die Rede ist, sobald auch nur das Wort „Aktien" fällt. Offiziell läuft dies unter der gesetzlich vorgeschriebenen Verbraucheraufklärung vor Abschluss eines Vertrages, in Wahrheit jedoch nützt diese undifferenzierte Betrachtung niemandem außer den Banken selbst. Sie schüren Ängste, indem sie nicht vernünftig informieren, dass Aktienfonds bei langfristiger Anlage niemals einen Totalverlust produzieren, sondern nur *kurzfristig* einmal ein Verlust eintreten kann. Für meinen Mandanten kam ohnehin nur eine langfristige Rückzahlung des Hypothekenkredits über zwei Jahrzehnte in Frage, daher wäre er keinerlei Risiko eingegangen. Selbst ein nur mäßig erfolgreicher Aktienfonds hätte damals nach menschlichem Ermessen in diesem langfristigen Zeitraum mehr Rendite erbracht, als er an Darlehenszinsen zu zahlen hatte.

- **Risikostreuung durch Diversifikation**

Aktien unterliegen generell immer Kursschwankungen. Sie gehören gewissermaßen zum natürlichen Auf und Ab des Wirtschaftslebens: Manchmal gibt es eine allgemeine Wirtschaftskrise oder Rezession – wie seit Ende 2022, bedingt durch Inflation und Energieverteuerung –, manchmal unterliegt ein Unternehmen branchenbezogenen Veränderungen, und manchmal durchschreitet es eine Talsohle und muss erst größere Investitionen tätigen, um wieder gute Gewinne mit innovativen Produkten einzufahren. Das alles lässt sich nicht verhindern – keine Gewinnkurve bewegt sich stetig und geradlinig nach oben.

Es besteht aber, entgegen der allgemein verbreiteten Ansicht, speziell bei Aktienfonds **kein Risiko eines Totalverlustes**, jedenfalls nicht, wenn man mittel- bis langfristig investiert bleibt und nicht bei negativer Rendite bzw. Verlusten sofort aussteigt und seine Anteile verkauft. Ideal ist es, eine Anlage mindestens 15 Jahre zu halten; noch besser wäre es, zeitlich nicht gebunden zu sein.

- **Siegels Konstante**

Dass kein Risiko besteht, wird durch viele wissenschaftliche Untersuchungen immer wieder bestätigt: Jeremy J. Siegel, ehemaliger Professor für Finanzwissenschaften an der Wharton School der University of Pennsylvania, ging mit einem Langzeitchart in die Finanzgeschichte ein, in dem er zeigte, wie sich eine Aktienanlage von 1 US-Dollar über 200 Jahre in einem diversifizierten Aktienportfolio vom 1. Januar 1802 (!) bis zum 31. Dezember 2001 entwickelt hätte. Die von ihm dargestellte Aktienrendite ist auch als „Siegels Konstante" bekannt (vgl. Siegel 2007).

3.3 · Risikobetrachtung: Wie sicher sind Aktien...

> **Siegels Konstante** besagt: Über 200 Jahre hinweg beträgt die reale, also inflationsbereinigte Aktienrendite – alle (Welt-)Wirtschaftskrisen und -Kriege, die zwischenzeitlich stattgefunden haben, eingeschlossen – stets zwischen 6,5 und 7 %.

Wenn man bedenkt, dass keine andere Anlageart, ob Zinspapiere, Gold oder Dollar, eine derart konstante Rendite aufweist wie die langfristige Aktienfondsanlage, dann kommt kein seriöser Investor auf Dauer daran vorbei.

Besonders wertvoll ist, dass Siegel die Inflation berücksichtigt hat: Ein Dollar im Jahre 2001 hätte nur noch etwa 6 % der Kaufkraft eines Dollars von 1802, das heißt, er wäre nur noch 0,06 Cent wert. Ein seinerzeit in Aktien angelegter Dollar hätte sich jedoch dank einer durchschnittlichen Rendite nach Inflation von etwa 7 % und dem Zinseszinseffekt zu einer Kaufkraft von über 600.000 USD (!) entwickelt. Dies bedeutet, dass diese Realrendite ungefähr einer Nominalrendite von 10 % entsprach, denn bei einer durchschnittlichen Inflationsrate von 3 % ergeben sich real 7 %. Damit ist gleichzeitig dargetan, dass Aktienanlagen längerfristig geeignet sind, die Inflation überzukompensieren. Es zeigt sich zugleich, dass Sachwerte wie Aktien Geldwerte langfristig schlagen.

Siegel legt in seinem Werk „Langfristig investieren" fundiert dar, dass sich traditionelle Anlagestrategien, wie z. B. die von Sir John Templeton und Warren Buffett, durch eine langfristig sichere und überdurchschnittliche Rendite auszahlen. Und dies wird wahrscheinlich auch in Zukunft so sein, weil es bereits über Jahrzehnte, ja sogar zwei Jahrhunderte, funktioniert hat und mit gesundem Menschenverstand nachvollziehbar ist, wie es funktioniert.

▪ Die aktuelle Entwicklung nach dem MSCI-World-Index

Ein aktueller Blick auf den schon länger existierenden Index MSCI World zeigt, wie sich eine Aktienfondsanlage längerfristig entwickelt hätte. Wer beispielsweise Anfang 2009 – zum Zeitpunkt der letzten großen Bankenkrise – in einen ETF investiert hätte, der genau diesen Index abbildet, hätte bei Verkauf der Anteile Ende 2021 im Schnitt eine jährliche Kursrendite von 11,9 % erzielt. Zur Erinnerung: Nach der 72er-Regel hätte er dadurch in 6,05 Jahren sein eingesetztes Kapital verdoppelt. Hätte er sein Kapital bis Ende 2022 gehalten, so hätte er jährlich eine Rendite von 9,8 % erzielt (vgl. Börse 2023).

Schauen Sie einmal selbst das vom Finanzportal „Börse" abgebildete Rendite-Dreieck des MSCI-Index an (▶ https://www.boerse.de/renditedreieck/MSCI-World/XC0009692739): Sie sehen rot markierte Felder, die Verluste kennzeichnen, hellgrüne Felder mit kleinen und dunkelgrüne Felder mit großen Gewinnen. Erkennbar ist deutlich, dass nach Verlustphasen am

Aktienmarkt, die durchaus auch einmal drei bis fünf Jahre betragen können, immer wieder Gewinnphasen folgen, zum Teil auch Phasen überdurchschnittlich hoher Gewinne. Selbst ein Einstieg im großen Verlustjahr 2008, in dem die Banken- bzw. Finanzkrise nach der „Lehman-Pleite" die allerhöchsten Wellen schlug, hätte sich innerhalb weniger Jahre ausgeglichen und in einen Gewinn verwandelt. Auf dem MSCI-Chart überwiegen deutlich die „grünen" Jahre der Börsengewinne.

> Langfristig gesehen, besteht keine Gefahr, das am Aktienmarkt eingesetzte Kapital teilweise oder vollständig zu verlieren. Wer in Aktienfonds investiert, sollte *langfristig* handeln – getreu Kostolanys Spruch: Aktien kaufen, schlafen legen und nach vielen Jahren mal nachschauen, wie hoch der Gewinn inzwischen ist.

Clevere Anleger handeln darum antizyklisch: Sie steigen in den Markt ein, wenn „die Zahlen rot" sind, also an der Börse Verluste gemacht werden. Zu diesem Zeitpunkt sind die Aktienanteile oft besonders günstig zu erwerben. Umso stärker profitieren die Anleger anschließend von Kursgewinnen, wenn es wieder aufwärts geht (vgl. ▶ Abschn. 6.3).

Zu ganz ähnlichen Ergebnissen wie Jeremy Siegel und die „Börse"-Darstellung des MSCI-World-Index kommt auch der deutsche Fondsverband BVI, der die Renditen verschiedener Fondstypen über verschiedene Anlagezeiträume untersucht hat: Der Fondsverband, der die Interessen der deutschen Fondswirtschaft vertritt, hat errechnet, dass die Renditen von *deutschen* Aktienfonds

- bei einer Anlage in den letzten 30 Jahren 7,0 %,
- bei einer Anlage in den letzten 15 bis 25 Jahre zwischen 6,1 bis 6,8 % betragen hätten und
- in den letzten 10 Jahren (Stichtag 30.09.2021) bei 10,6 % lagen (vgl. Hausinvest 2023).

Die errechneten Renditen für Anlagezeiträume von 15 bis 30 Jahren entsprechen wiederum der Siegel-Konstanten – eigentlich keine Überraschung, doch hier wurde es vom Fondsverband BVI noch einmal konkret anhand aktueller Zahlen nachgerechnet. Bei *globalen* Aktienfonds liegen die Werte im 30-Jahres-Zeitraum sehr ähnlich wie bei den deutschen Aktienfonds, folgen also ebenfalls der Konstanten. Für Immobilienfonds allerdings ist die Rendite deutlich niedriger, nämlich nur bei 2,7 bis 4,1 %.

3.3 · Risikobetrachtung: Wie sicher sind Aktien...

- **Wie sich die Risikostreuung auswirkt**

Nehmen wir als zusätzlichen Beleg für das geringe Risiko von Aktienfonds noch eine weitere wissenschaftliche Untersuchung: Keith Sill (vgl. 2001, S. 24f.), Ökonom der Research-Abteilung der Philadelphia-Fed, hat das Risiko einer Aktienanlage in Abhängigkeit von der Anzahl der Aktien, in die investiert wird, finanzmathematisch errechnet:

- Wird alles Kapital in nur ein Unternehmen investiert, liegt das Verlustrisiko durch dessen mögliche Insolvenz bei 0,16.
- Bei Streuung des Kapitals auf 5 Unternehmen hat sich das Risiko bereits auf 0,08 halbiert,
- bei 10 Unternehmen liegt es nur noch bei 0,05,
- bei Streuung auf 20 Unternehmen sinkt es auf 0,04,
- bei Streuung auf noch mehr Unternehmen sinkt es nicht mehr weiter ab, gleich ob dem Depot noch weitere 10, 30, 50 oder 100 Aktien beigefügt werden.

Die wichtigste Erkenntnis daraus: Das Risiko in einem Aktienportfolio reduziert sich nicht in gleichem Maße, wie sich die Anzahl der Aktien erhöht, sondern es nimmt *degressiv*, also *überproportional* ab.

Wer eine Einzelaktie erwirbt, setzt „alles auf eine Karte". Würde das betreffende Unternehmen insolvent werden, wäre nicht nur die Rendite, sondern das gesamte Kapital verloren. Im Börsenjargon heißt es deshalb: **Lege nicht alle Eier in einen Korb!** Diese Regel klingt nicht nur vernünftig, sondern Risikostreuung ist auch das Prinzip jedes Fonds.

Die statistisch nachweisbare Tatsache der überproportionalen Risikoverringerung durch Streuung des Kapitals ist vermutlich auch der Grund für den Gesetzgeber gewesen, allen Kapitalanlage- bzw. Aktienfondsgesellschaften vorzuschreiben, in mindestens 20 Unternehmen investiert zu sein, weil dann das Vermögen nach menschlichem Ermessen nicht mehr verloren gehen kann. Das verbleibende Restrisiko ist das sog. Marktrisiko, dem alle Aktien unterliegen. Es kann nicht durch Streuung auf weitere Unternehmensbeteiligungen wegdiversifiziert werden kann.

Nach der 5-10-40-Regel dürfen nicht mehr als 10 % des Fondsvermögens in Wertpapiere eines einzelnen Unternehmens investiert werden. Alle Einzelpositionen von über 5 % des Gesamtportfolios dürfen zusammen höchstens 40 % des Fondsvolumens ausmachen. Dementsprechend muss ein Investmentfonds rein rechnerisch mindestens 16 Werte enthalten: 4 Werte zu je 10 % und 12 Werte zu je 5 % des Fondsvermögens. In der Praxis investieren jedoch die meisten Fonds in viel mehr Einzelwerte.

Ein Aktienfonds kann theoretisch aber auch bis zu 40 % Liquidität halten. Das heißt, er könnte in 4 Aktien jeweils 10 % investieren, in 3 weitere Aktien jeweils unter 5 % und den Rest als Liquidität auf Bankkonten halten. Theoretisch liegt das Minimum also bei 7 Aktien, gängig ist allerdings die Investition in mindestens 16 Werte.

Der gesetzliche Rahmen schließt aus, dass ein Fonds ganze Unternehmen aufkauft und das Fondsmanagement damit gegebenenfalls massiv auf deren Geschäftspolitik Einfluss nimmt. Es besteht also keine Gefahr, dass Fonds sich nach und nach ungewollt so verändern, dass sie „alles auf eine Karte" setzen, indem sie einseitig und zu sehr nur in ein einziges oder in zu wenige Unternehmen investieren. Die Risikostreuung eines Fonds bleibt stets erhalten.

Viele Aktienfonds investieren sogar in 100 bis 150 verschiedene Unternehmen, denn ein Zuviel an Sicherheit durch Streuung und gegebenenfalls ein Mehr an Rendite durch Beteiligung an vielversprechenden Unternehmen hat noch niemals geschadet. Dem Fondsanleger gibt es ein besseres Gefühl, denn gerade er muss die Gewissheit haben, dass sein Geld in einer guten Fondsanlage sicher ist.

> Für Anleger besteht der Vorteil der Geldanlage in einem Aktienfonds darin, dass sich das *Risiko* im Vergleich zum Besitz von Einzelaktien überproportional *minimiert*. Denn durch die sog. *Diversifikation* des Kapitals in eine Vielzahl von Unternehmen statt nur in ein einziges oder einige wenige wird das Risiko gestreut: Tendenziell schwächere Entwicklungen einzelner Unternehmen bzw. Werte werden durch tendenziell überdurchschnittlich gute Entwicklungen anderer Unternehmen aufgefangen und ausgeglichen.

▪ Mögliche Insolvenz der Fondsgesellschaft

Wie steht es nun mit dem Risiko, dass die Fondsgesellschaft selbst, die das Kapital der Anleger verwaltet und investiert, insolvent wird? Anscheinend ist es auch das, was Anleger in den Umfragen von 2007 und 2009 befürchteten. Doch auch hier gibt es keinen Grund zur Sorge: Nach deutschem Recht wird das Kapital in Aktienfonds als *Sondervermögen* getrennt vom Vermögen der Fondsgesellschaft geführt, wodurch die Anleger vor einer Insolvenz der Investmentgesellschaft geschützt sind. Die Unternehmensbeteiligungen in Form von Aktienanteilen bleiben in jedem Fall erhalten. Sie werden gegebenenfalls in eine neue Depotbank übertragen und von dort aus weiter gemanagt, wenn die alte in die Pleite gehen sollte.

3.3 · Risikobetrachtung: Wie sicher sind Aktien...

- **Sparen – investieren – spekulieren**

Ich hoffe, ich konnte Sie mit der differenzierten Risikobetrachtung anhand verschiedener Statistiken und wissenschaftlicher Untersuchungen davon überzeugen, dass die Geldanlage in Aktienfonds keineswegs so risikoreich ist, wie viele Verbraucher aus ihrem mangelnden Wissen über Finanzen heraus glauben. Besonders bei einer langfristigen Anlage von +15 Jahren ist das Risiko sehr gering, dafür aber eine durchschnittliche Rendite von +6 % nach Jeremy Siegel sicher (vgl. Siegel 2006).

Im Grunde zeigt es schon die deutsche Sprache, wie hoch das Risiko einer Geldanlage einzuschätzen ist, nur achten wir meistens nicht darauf: Wir unterscheiden sprachlich zwischen Sparen, Investieren und Spekulieren.
- Wenn wir von **sparen** sprechen, meinen wir die regelmäßige, oft monatliche Rücklage bzw. Anlage von Geld. Wir assoziieren dies meist mit den Finanzprodukten, die uns Banken, Bausparkassen und Versicherungen üblicherweise anbieten (Festgeld, Sparbuch, Bausparen, Kapitallebensversicherung u. a.). Mental haben wir diese im Bereich von 1 bis 4 % Zinsen verortet, weil uns Finanzinstitute seit Jahrzehnten weismachen, dass das eben so ist und dass es „sicher" ist. Sparen ist die „kleine Münze", die für das kurzfristige niedrigzinsige „Parken" von Geld, das in absehbarer Zeit ausgegeben werden soll, durchaus seinen Sinn hat – nur eben nicht für den langfristigen Vermögensaufbau oder eine private Altersvorsorge.
- Gedanklich springen wir dann gerne vom Sparen direkt zum **Spekulieren** (landläufig auch „Zocken" genannt) und meinen, alles, was eine höhere Rendite abwerfe, sei spekulativ und hochriskant, also vom Totalverlust bedroht, so etwa die schon erwähnten Zertifikate und Derivate, die in gewisser Weise „Wetten" auf bestimmte Kursverläufe darstellen. In der Tat sind „Fuselanleihen" (vgl. ▶ Abschn. 2.3) nur etwas für Betrunkene, die nicht genau wissen, was sie mit ihrem Geld tun – oder für Spielernaturen.
- Was wir häufig vergessen, ist, dass zwischen den beiden Polen Sparen und Spekulieren das **Investieren** als ertragreiche und goldene Mitte liegt, die sich bei +6 % Rendite bewegt. Wir investieren über Aktien(fonds) in Unternehmen und unterstützen sie damit in ihrem Wachstum, woran wir dann selbst über die Gewinne beteiligt sind. Übrigens kann man Aktienfonds auch monatlich besparen, dann spricht man vom „Investmentsparen".

Der Staat fördert im Bereich der vermögenswirksamen Leistungen seit über sechs Jahrzehnten, sich mit einem Teil seines laufenden Einkommens an den besten Unternehmen weltweit zu beteiligen und dadurch langfristig ein Vermögen aufzubauen, aus welchem er Einkünfte generieren kann, ohne später noch arbeiten zu müssen (wohl aber zu können). Sie müssen nur eines tun: **beginnen, und zwar frühestmöglich.** Über den Erwerb von Aktien könnten wir längerfristig ein Volk von Teilhabern werden, wie es der Wunschvorstellung unseres ehemaligen Bundespräsidenten Horst Köhler entsprach.

Vor allem könnten wir als Kleinanleger profitieren, sodass das Beteiligungskapital am Produktivvermögen der Wirtschaft nicht mehr überwiegend vom Großkapital gehalten wird, sondern von den Arbeitnehmern, die auch die Hauptarbeit in den großen Unternehmen weltweit verrichten. Für sie ist es geradezu ideal, sich über professionell verwaltete Aktienfonds an den besten Unternehmen zu beteiligen, um sich neben der abhängigen Beschäftigung ein zweites Standbein zu verschaffen und damit in einer überschaubaren Zeit finanziell unabhängig zu werden.

Dies sollte für Sie Anstoß sein, sich an Aktienfonds zu beteiligen, denn dann profitieren Sie von Anfang an von einem Wirtschaftsaufschwung. Sind Sie dagegen Arbeitnehmer, erfolgt zumeist eine Anpassung Ihrer Vergütung erst mit erheblicher zeitlicher Verzögerung – nämlich dann, wenn offenkundig geworden ist, dass es wirtschaftlich aufwärts geht und zumeist die Gewerkschaften den Anstoß zu einer Lohnerhöhung gegeben haben.

Zusammenfassung

Aktienfonds vereinen eine Vielzahl von Vorteilen in sich, die für einen Vermögensaufbau wichtig sind:

- Sie ermöglichen bei Anlagen von +15 Jahren hohe Renditen von jährlich +6 %, zum Teil auch mehr (vgl. ▶ Abschn. 5.3).
- Sie entwickeln sich auch unabhängig von der Inflation langfristig positiv.
- Das Risiko ist durch die vom Gesetzgeber vorgeschriebene Streuung der Aktienanteile in eine Vielzahl von Unternehmen gering, ein Totalverlust nach menschlichem Ermessen und zweihundertjähriger Erfahrung ausgeschlossen, sofern man die Anteile langfristig hält und nicht bei einem Kurseinbruch sofort verkauft und dadurch Verluste macht.
- Jede(r) kann mit geringem oder sogar ohne Kapital starten und monatlich in beliebig hohen Raten über Jahre ansparen, wobei wählbar ist, ob die jährliche Rendite thesauriert oder ausgeschüttet wird.
- Bei einer Thesaurierung des Kapitals fällt die Abgeltungssteuer – und damit der überwiegende Teil der Besteuerung – erst nach dem Verkauf der Fondsanteile an (vgl. ▶ Abschn. 4.2) Lediglich die Vorabpauschale ist jährlich zu bezahlen.

- Börsenwissen oder eine Kenntnis der Entwicklung der Unternehmen, in die investiert wird, ist nicht erforderlich, weil es Sache der Fondsgesellschaft ist, die jeweils besten auszuwählen.
- Sie sollten die Renditen mehrerer aktiver und passiver Fonds miteinander vergleichen, bevor Sie sich für einen Fonds entscheiden.
- Das eingesetzte Kapital kann, muss aber nicht langfristig angelegt werden. Es ist jederzeit sofort liquidierbar, indem man einige oder sämtliche Aktienanteile bzw. Anteile am Fonds verkauft. Bei Altersvorsorgeprodukten ist das nicht der Fall (vgl. ▶ Abschn. 4.4). Der Gesetzgeber schreibt vor, dass Ihnen beim Verkauf von Fondsanteilen das Geld innerhalb von einer Woche gutgeschrieben wird.

Festverzinslich und schlechtverzinslich – die Ratlosigkeit der Sparschweine

Inhaltsverzeichnis

4.1 Inflation, die „grausamste Steuer" – 62

4.2 Steuern auf Kapitalerträge – 67

4.3 Ebbe im Geldbeutel mit Anlagen „zum Nulltarif" – 75

4.4 Unsicher versichert – private Altersvorsorge auf Abwegen – 84

„Ein Bankier ist ein Mensch, der seinen Schirm verleiht, wenn die Sonne scheint, und ihn sofort zurückhaben will, wenn es zu regnen beginnt." (Mark Twain)

© Der/die Autor(en), exklusiv lizenziert an Springer Fachmedien Wiesbaden GmbH, ein Teil von Springer Nature 2024
W. Stubenrauch, *Sicher anlegen statt sparen*,
https://doi.org/10.1007/978-3-658-43493-9_4

Nachdem wir in ▶ Abschn. 2.1 eine summarische Übersicht über verschiedene traditionelle Geldanlagearten gegeben haben, die Banken und Versicherungen bevorzugt verkaufen, wollen wir in diesem Kapitel genauer nachrechnen, wie es um sie in Sachen Rendite bestellt ist. Zwei überaus wichtige Faktoren sind dabei die Inflation, die fast immer übersehen und nicht in mögliche Gewinnbetrachtungen miteinbezogen wird, und die zu entrichtende Steuer. Wer diese Faktoren nicht berücksichtigt, macht „die Rechnung ohne den Wirt". Daher wollen wir uns beide Faktoren genauer anschauen, bevor wir anschließend unterschiedliche Arten der Geldanlage und ihre Renditen dazu in Beziehung setzen.

4.1 Inflation, die „grausamste Steuer"

▪ Der Blick in den Spiegel

Die Inflationsrate unterliegt im Laufe von Jahren und Jahrzehnten genauso einem Auf und Ab wie andere Wirtschaftsdaten und wie z. B. auch die im letzten Kapitel dargestellten Werte von Aktien. Es gab und gibt Phasen ausgesprochen hoher und solche niedriger Inflation – doch eine Verteuerung bzw. Preissteigerung der Waren, die bewirkt, dass wir im Laufe der Jahre immer weniger für den gleichen Geldbetrag bekommen, hat es immer gegeben (sogar im Mittelalter).

Die Inflation wird in Deutschland vom Statistischen Bundesamt anhand der durchschnittlichen Preisentwicklung aller Waren und Dienstleistungen berechnet. Da jedoch die Berechnungszeiträume und Vergleichszeitpunkte nicht immer identisch sind, gibt es durchaus voneinander abweichende Informationen über deren Entwicklung. Grob lässt sich Folgendes festhalten:

- In den 1990er-Jahren lag die Inflation mit 2 bis 5 % relativ hoch,
- in den Jahren 2000 bis 2008 betrug sie zwischen 1,5 und 2,8 %,
- zwischen 2009 und 2020 lag sie mit 0,2 bis ca. 2 % unterdurchschnittlich niedrig, und
- seit 2021 ist sie, bedingt durch Corona und die Energieverteuerungen, stark angestiegen auf 3 bis 8 %, dann im Jahr 2023 wieder auf ca. 4 % gesunken (vgl. Tagesschau 2023).

Die niedrige Inflationsrate der Jahre nach 2009 ist u. a. darauf zurückzuführen, dass nach der Bankenkrise der Zinssatz durch die EZB „zentral gesteuert" wurde und sich nicht mehr frei entwickelte wie in den Jahren zuvor.

4.1 · Inflation, die „grausamste Steuer"

Niedrige Zinsen sollten dafür sorgen, dass einerseits Privathaushalte ihr Geld ausgeben und nicht ansparen und andererseits Unternehmen durch günstige Finanzierungskonditionen investieren; es war eine Art „staatlich gesteuertes Wirtschaftswachstum", über dessen Erfolg man durchaus geteilter Meinung sein kann.

Die jüngsten Verteuerungen der Energien Gas, Strom und Benzin seit 2021, die u. a. durch den Ukraine-Krieg ausgelöst wurden, trugen maßgeblich zur jetzt deutlich gestiegenen Inflationsrate bei. Energie wird nicht nur für die Produktion und den Transport sämtlicher Produkte benötigt, sondern natürlich auch von allen privaten Haushalten, die ihren eigenen Energieverbrauch ebenso bezahlen müssen wie die durch die Energiekosten ausgelösten Preiserhöhungen der Waren, die sie erwerben oder konsumieren.

> **Tipp**
>
> Rechnen Sie mit Hilfe des Inflationsrechners im Internet (▶ https://www.laenderdaten.info/Europa/Deutschland/inflationsraten.php) selbst nach, wie sich die Inflation auf den Kaufkraftverlust eines beliebigen Betrages über Jahre und Jahrzehnte auswirkt. Sie werden z. B. feststellen, dass ein Euro von 2008 bis 2023 knapp 30 % an Wert verloren hat, sofern Sie das Geld nicht angelegt, sondern einfach nur „im Sparstrumpf" oder auf dem Girokonto aufbewahrt hätten.

Dr. Klaus Jung (vgl. ▶ Abschn. 3.1) vergleicht die Inflation mit dem morgendlichen Blick in den Spiegel: Wenn Sie morgen früh hereinschauen, werden Sie keine Veränderung bemerken und feststellen, dass Sie noch genauso aussehen wie gestern. Aber stellen Sie sich vor, Sie hätten neben den Spiegel ein Bild geklebt, wie Sie vor 15 oder 20 Jahren aussahen, dann hätten Sie vielleicht heute früh beim Blick in den Spiegel einen kleinen Schock erlitten. Hätten Sie vor 15 oder 20 Jahren geahnt, wie Sie sich in Zukunft verändern werden?

Inflation kommt in der Wahrnehmung so schleichend wie das Altern. Briefe kosteten 2001 bei der Umstellung von DM auf EUR einmal 56 Cent, 2023 kosten sie 85 Cent. Der Liter Diesel-Kraftstoff kostete 2011 etwa 1,40 €, im Jahr 2022 kostete er bereits 1,98 €. Um es mit Dr. Jung zu sagen: Inflation ist, „wenn die Brieftaschen immer voller, aber die Einkaufstaschen gleichzeitig immer leerer werden".

Inflation, der schleichende Wertverlust des Geldes, kommt einer Enteignung des Bürgers gleich und wird daher von einigen Finanzexperten wie Klaus-Peter Voigt, finanzpolitischer Sprecher des Bündnis für Bürger in Schleswig-Holstein (BfB), auch als **„die grausamste Steuer"** bezeichnet (vgl. Voigt 2022). Zu den Verlierern gehören seiner und meiner Ansicht nach alle Bezieher nominal festgelegter Einkommen, also alle Angestellten, die in der Regel erst mit zeitlicher Verzögerung eine Gehaltserhöhung bekommen, wenn die Geldentwertung schon fortgeschritten ist. Zu den Verlierern gehört weiterhin der Bürger als Steuerzahler, denn wenn er endlich ein höheres Einkommen bezieht, muss er dafür auch höhere Steuern zahlen, weil das deutsche Steuersystem keinen Inflationsausgleich für Gehaltsanpassungen kennt. Unter dem Strich ist der Staat der Inflationsgewinner, während Unternehmen und Haushalte zu den Verlierern gehören.

- **Die „umgedrehte" 72er-Regel**

Sie haben in ▶ Abschn. 1.2 die 72er-Regel für den Vermögensaufbau kennengelernt und verstanden, wie die Höhe der Zinsrate sich exponentiell auf das Wachstum der Ersparnisse oder des Kapitalstocks auswirkt. Leider wirkt die Regel auch in umgekehrter Richtung, nämlich bei der Inflation.

> **Die 72er-Faustregel zur Berechnung des Halbierungszeitraumes infolge von Inflation**
> 72 geteilt durch die Höhe der Inflationsrate ergibt die Anzahl der Jahre, die es dauert, bis sich die Kaufkraft (der Wert) des Kapitals bzw. der Ersparnisse *halbiert* hat.

$$72 : \textit{Inflationsrate in \%} = \textit{Halbierungszeitraum}\,(HBZ)\,\textit{des Vermögenswertes}$$

(Anmerkung: Die Faustformel stimmt wiederum näherungsweise in Jahren, nicht genau in Monaten.)

Mit 3 bis 4 % jährlicher Inflation sinkt die Kaufkraft nicht einfach linear um 3 bis 4 %, sondern degressiv, also *überproportional*. Stellen Sie sich die Kurve in ▶ Abb. 1.1 vereinfacht um 180 Grad nach links gedreht vor, um zu sehen, wie stark der Kaufkraftverlust über die Jahre ist. ◘ Tab. 4.1 zeigt dies anhand eines Beispiels, wobei hier eine Inflationsrate zwischen 2,5 und 3 % zugrunde gelegt ist.

4.1 · Inflation, die „grausamste Steuer"

◘ Tab. 4.1 Kaufkraftverlust von 1000 € bei einer konstanten jährlichen Inflationsrate von 2,88 %

Ein Geldbetrag von heute 1000 € hat nach X Jahren ...	... noch eine Kaufkraft von Y EUR	Wert in %	Multiplikationsfaktor zur Kaufkrafterhaltung
10 Jahren noch eine Kaufkraft von	750	75	1,3
20 Jahren	600	60	1,7
25 Jahren	500	50	2,0
30 Jahren	450	45	2,2
40 Jahren	333	33	3,0
50 Jahren	250	25	4,0
60 Jahren	200	20	5,0

Nach 25 Jahren hat sich die Kaufkraft von 1000 € halbiert, was überschlagsmäßig der 72er-Faustregel entspricht (72 : 2,88 = 25), in weiteren 25 Jahren geviertelt. Selbst wenn Sie immer noch genau 1000 € besitzen, sind diese nach 50 Jahren nur noch 250 € wert. Wenn Sie wissen möchten, wie viel Geld Sie benötigen, um in einem beliebigen Zeitraum den Gegenwert von 1000 € – also die ursprünglich gegebene Kaufkraft dieses Betrags – zu erhalten, dann multiplizieren Sie den Betrag mit dem Faktor in der rechten Spalte von ◘ Tab. 4.1. In 25 Jahren müssten Sie 1000 € x 2,0 = 2000 € aufwenden, z. B. indem Sie Gehaltserhöhungen in entsprechendem Umfang bekommen.

■ **Hyperinflation wirkt vernichtend**

Phasen extremer Inflation, sogenannte Hyperinflationsphasen, sind selten. Die meisten Leser dieses Buches dürften sie nicht erlebt haben. Doch es hat sie gegeben, so z. B. in den Jahren 1918 bis 1923, als Folge der Reparationszahlungen, die Deutschland nach dem Ersten Weltkrieg an die Siegermächte zu zahlen hatte. Besonders die Älteren haben zum Teil noch von ihren Großeltern gehört, wie ihnen das Geld nur so durch die Finger rann und der Preis für ein Brot von einem Tag zum anderen von 1000 Mark auf 10.000 Mark anstieg und wenige Wochen später schon 100.000 Mark betragen konnte. Damals haben viele Menschen ihre gesamten Ersparnisse verloren, und häufig reichte selbst das Einkommen nicht mehr aus, um noch satt zu werden. Auch bei dieser Inflation war der Staat der Gewinner: Durch die Hyperinflation konnte er die gesamten Kriegsschulden bei inländischen Gläubigern problemlos ablösen: 164 Mrd. Mark waren nach der Währungsumstellung am Ende der Inflationsphase gerade noch 16,4 Pfennige (!) wert (vgl. Kunzel 2014). Die Kaufkraft des Geldes war auf einen winzigen Bruchteil des ursprünglichen Wertes geschrumpft. Bezahlt haben das (wie immer) die Bürger des Landes, und das nicht nur mit Kaufkraft- und Wohlstandsverlust, sondern seinerzeit auch mit großer existenzieller Not.

Hyperinflationsphasen bergen stets Gefahren sozialen und politischen Sprengstoffs in sich. Ihre Begleiterscheinungen sind Verarmung, Firmenpleiten, Arbeitslosigkeit, Hunger und soziale Unruhen. So war es auch zwischen 1918 und 1923. Wer in dieser Zeit nur *Geldwerte* besaß, verlor buchstäblich alles und musste nachher wieder von vorne anfangen, um sich etwas aufzubauen. Wer hingegen *Sachwerte* besaß, wie z. B. Immobilien, Edelmetalle oder Unternehmensbeteiligungen in Form von Aktien, konnte zumindest diesen Teil seines Vermögens vor der Geldentwertung retten. Die Aktien, die zunächst ebenfalls weit ins Minus gerutscht waren, erholten sich einige Jahre später, sobald sich die Unternehmen stabilisiert hatten und wieder Gewinne erwirtschafteten. Das wäre nach der Siegelschen Konstanten (▶ Abschn. 3.3) auch heute nicht anders.

> Die Inflation beträgt über einen längeren Zeitraum gerechnet nach Jeremy J. Siegel durchschnittlich 3 %. Zurzeit der Drucklegung des Buches lag sie bei 4 %, und die Tendenz ging dahin, von einer längeren, mehrjährigen Phase mit 3–4 % Inflationsrate auszugehen (vgl. Handelsblatt 2023). Bei einer längeren Phase mit einer Inflationsrate von 4 % würde sich die heutige Kaufkraft des Euro nach 18 Jahren halbieren (72 : 4 = 18) und bei 3 % Inflation nach 24 Jahren (72 : 3 = 24).

Man nahm an (Stand: November 2023), dass insbesondere die energiebedingten Verteuerungen erst dann zurückgehen, wenn die „Energiewende" mit der ausschließlichen Nutzung erneuerbarer, nichtfossiler Energien bewältigt wäre. Andere wiederum wie Thomas Mayer, ehemaliger Chefvolkswirt der Deutschen Bank, gehen von einem „längeren Siechtum des Euro" aus, der als Währung der EU nicht nur unter den wirtschaftsschwachen Ländern Südeuropas, sondern auch unter der Schuldenmacherei nahezu aller

Mitgliedsländer leidet. Er prognostiziert, dass die Notenbanken „die Inflation laufen lassen, um so die Schulden zu entwerten" (Mayer 2022), also genau das, was auch schon in früheren Jahrzehnten und Jahrhunderten geschah. Für Staaten ist Inflation immer die einfachste und unauffälligste Möglichkeit, sich der Schulden auf Kosten der Bürger zu entledigen.

4.2 Steuern auf Kapitalerträge

- **Die Fakten zur Abgeltungssteuer**

Im Jahre 2009 wurde die Abgeltungssteuer eingeführt, zu der der Solidaritätszuschlag und gegebenenfalls die Kirchensteuer hinzuaddiert werden. Die Abgeltungssteuer wird auf alle Arten von Kapitalerträgen, also auf Guthabenzinsen, Dividenden und Kursgewinne erhoben, gleich in welcher Anlageform das Kapital angespart oder investiert wird. Die Abgeltungssteuer heißt auch „Quellensteuer", weil sie direkt von den Finanzinstituten – und damit quasi an der Quelle der Geldeinkünfte – einbehalten und an das Finanzamt abgeführt wird. Die Kapitalerträge müssen also von Ihnen als Steuerzahler nicht mehr extra bei der Steuererklärung angegeben werden. Dieses Verfahren der direkten Steuererhebung an der Quelle dient der „Vereinfachung" – allerdings weniger für die Bürger als für die Finanzämter bzw. den Staat.

> Die Abgeltungssteuer beträgt pauschal für alle Steuerzahler 25 % der Kapitaleinkünfte, zuzüglich Solidaritätszuschlag von 5,5 % (also insgesamt 26,38 %) und gegebenenfalls zuzüglich Kirchensteuer von 8 % (in Bayern und Baden-Württemberg) oder 9 % (in allen übrigen Bundesländern), sofern der Steuerzahler Kirchenmitglied ist – somit insgesamt 28,38 % bzw. 28,63 % einschließlich Kirchensteuer.

Die 25 % Abgeltungssteuer gelten auch für diejenigen, die individuell einen höheren Einkommensteuersatz zahlen, sie profitieren also davon. Wer weniger als 25 % Einkommensteuer zahlt, kann sich den Differenzbetrag zur Abgeltungssteuer vom Finanzamt rückerstatten lassen.

Über den Unsinn, auf Kapitaleinkünfte Kirchensteuer zu bezahlen, möchte ich hier gar nicht eingehen. Mir ist jedenfalls kein Kapital bekannt, dass sonntags in die Kirche ginge oder kirchliche Leistungen wie Hochzeiten, Beerdigungen und Taufen in Anspruch nähme – das können nur Menschen, nicht Gelder. Und da der Steuerzahler ja bereits mit den monatlichen

Steuer- und Sozialabgaben die Kirchensteuer abführt, dürfte diese nicht noch zusätzlich auf Kapitalerträge erhoben werden, die mit der Religion rein gar nichts zu tun haben, sondern der privaten Vorsorge oder Absicherung dienen.

Ein *Sparerpauschbetrag* von 1000 € für Ledige und von 2000 € für Verheiratete (Stand: 2023) ist von der Abgeltungssteuer ausgenommen. Erteilen Sie dem Finanzinstitut, bei dem Sie Ihr Geld angelegt haben, am besten schon vorab einen entsprechenden Freistellungsauftrag. Alternativ können Sie den Freibetrag später bei der Steuererklärung geltend machen. Wer mit seinem zu versteuernden Einkommen unterhalb des Steuerfreibetrags liegt, kann beim Finanzamt eine Nichtveranlagungsbescheinigung beantragen und beim Finanzinstitut einreichen. In diesem Falle wird die Abgeltungssteuer nicht einbehalten, sondern ausbezahlt.

Der *Grundfreibetrag* legt die Höhe des Existenzminimums fest, bis zu dessen Höhe generell *keine* Steuern entrichtet werden müssen. Der Freibetrag wird jährlich angehoben und an die Inflation angepasst. Zurzeit (Stand: 2023) beträgt er für Einzelpersonen 10.908 € und für steuerlich gemeinsam Veranlagte 21.816 €. Angenommen, ein Ehepaar hätte Einkünfte von 12.000 € jährlich, z. B. durch eine niedrige gesetzliche Rente in dieser Höhe, so könnte es zusätzlich 11.816 € aus Kapitaleinkünften beziehen (wobei neben dem Freibetrag auch die 2000 € Sparerpauschbetrag berücksichtigt sind), ohne Einkommenssteuern bezahlen zu müssen. Damit wird unter anderem deutlich, dass es sich gerade für Menschen, die nur eine geringe staatliche Rente beziehen oder in Zukunft beziehen werden, finanziell lohnen kann, bis zum Alter ein kleines Vermögen aufzubauen und mit der jährlichen Rendite daraus die eigenen Einkünfte steuerfrei aufzubessern.

> Als Steuerberater möchte ich gerade lohnsteuerpflichtige Bürger dazu ermuntern, jährlich einen Antrag auf Lohnsteuerjahresausgleich zu stellen. Die Erfahrung zeigt leider, dass rund ein Drittel der Steuerzahler aus Bequemlichkeit oder Unwissenheit darauf verzichten, obwohl ihnen eine Steuererstattung zustünde. Mit der sogenannten „Nichtveranlagung" verschenken Steuerzahler, vor allem Geringverdiener, jährlich eine Milliarde Euro an den Staat, weil sie *zu hohe* Steuern zahlen (vgl. Anger 2021) – Geld, das jede(r) besser für den Vermögensaufbau oder die Altersvorsorge nutzen und anlegen sollte.

4.2 · Steuern auf Kapitalerträge

Es gibt lediglich eine Ausnahme von der Abgeltungssteuer: Sie gilt für Gewinne bis zu einer Höhe von 100.000 € nicht für Wertpapiere bzw. Aktien, die *vor* 2009 bzw. bis Ende 2008, also vor Einführung dieser Steuer, erworben wurden. Diese Gewinne dürfen auch weiterhin steuerfrei realisiert werden.

- **Die Vorabpauschale**

Hat ein Aktienfonds Gewinn gemacht, so fällt steuerlich die Vorabpauschale an, die stets im Januar des Folgejahres fällig wird. Die Pauschale wird auch dann fällig, wenn die Gewinne nicht ausgeschüttet, sondern thesauriert werden. Für die Pauschale gelten die gleichen Freistellungen wie für die Abgeltungssteuer, allerdings kann der Freistellungsauftrag insgesamt nicht höher als 1000 € für Ledige und 2000 € für Paare (Stand: 2023) sein.

Bei ausschüttenden Fonds wird die Pauschale auf die Ausschüttungen angerechnet, bei thesaurierenden Fonds direkt vom Fondsvermögen abgezogen.

Für *ausschüttende* Fonds gilt die Formel: Vorabpauschale = Basisertrag - Ausschüttung des letzten Kalenderjahres.

Der Basisertrag beträgt 70 % des jährlichen Basiszinses, multipliziert mit dem Rücknahmepreis der Fondsanteile zum Jahresbeginn des vorangegangenen Kalenderjahres.

Der Basiszins ist ein variabler Zinssatz, der der Bewertung von Kapitaldienstleistungen dient und von der Deutschen Bundesbank nach Vorgaben der Europäischen Zentralbank (EZB) festgelegt wird. Im zweiten Halbjahr 2023 betrug der Basiszins 3,12 %, ab November 2022 hingegen nur 1,75 %.

Bei *thesaurierenden* Fonds, die keine Gewinne ausschütten, entspricht die Vorabpauschale 1:1 dem Basisertrag.

Der Steuerabzug wird direkt von dem Institut vorgenommen, bei dem das Depot geführt wird.

> **Tipp**
>
> Unter ▶ https://www.finanztip.de/indexfonds-etf/etf-steuern/vorabpauschale/ finden Sie einen Rechner zur einfachen Ermittlung der Vorabpauschale. Nutzen Sie auch die vom Bundesverband der Investmentgesellschaften (BVI) sehr verständlich geschriebene Broschüre „Investmentsteuerreform kompakt" unter dem Link: ▶ http://www.bvi.de/investmentsteuerreform.

- **Die Auswirkungen von Steuer und Inflation auf die Geldanlage**

Die Auswirkungen der Abgeltungssteuer auf die tatsächlich erzielbare Rendite bei Geldanlagen ist immens. ◘ Tab. 4.2 zeigt dies in der Übersicht:

Obwohl der Staat einerseits immer wieder Arbeitnehmer ermutigt, eine private Zusatzrente aufzubauen, weil die gesetzliche Rente nicht ausreicht, behindert die Abgeltungssteuer in Kombination mit der Inflation doch den privaten Vermögensaufbau und eine private Altersvorsorge beträchtlich. Die folgenden Berechnungen zeigen dies anhand unterschiedlicher Renditen, unabhängig von der Art der Geldanlage, allgemein auf. ◘ Tab. 4.3 zeigt vor allem die Auswirkung der Inflation auf die reale Rendite, ◘ Tab. 4.4 bezieht zusätzlich die Abgeltungssteuer mit ein.

Bei dieser Beispielrechnung ist unterstellt, dass die Wertzuwächse keine laufend zu versteuernden Erträge wie Zinsen und Dividenden enthalten, sondern dem Kapital immer wieder zugeschlagen werden. Tatsächlich wird aber während der Laufzeit der Anlage ein Teil der Abgeltungssteuer schon vorab einbehalten. Die in der Tabelle dargestellten Auswirkungen der Besteuerung sind also noch größer.

◘ Tab. 4.2 Brutto- und Realrendite nach Abgeltungssteuer

Aus einer Bruttorendite von ...	... wird nach Abzug der Abgeltungssteuer (28 %) eine Nettorendite von
2 %	1,44 %
3 %	2,16 %
4 %	2,88 %
5 %	3,60 %
6 %	4,32 %
7 %	5,04 %
8 %	5,76 %
9 %	6,48 %
10 %	7,20 %
11 %	7,92 %
12 %	8,64 %

4.2 · Steuern auf Kapitalerträge

Tab. 4.3 Auswirkung der Inflation auf eine Einmalanlage von 10.000 € mit Wiederanlage der Erträge

Bruttorendite	3 %	6 %	9 %	12 %
Anlagebetrag	10.000	10.000	10.000	10.000
Wert nominal nach 24 Jahren	20.000	40.000	80.000	160.000
Nach Inflation (–50 %)	10.000	20.000	40.000	80.000
Rendite *vor* Steuer	0 %	3 %	6 %	9 %
Zuwachs real	0	10.000	30.000	70.000

Tab. 4.4 Auswirkung von Abgeltungssteuer und Inflation auf eine Anlage von 10.000 €

Bruttorendite	3 %	6 %	9 %	12 %
Anlagebetrag (wie Tab. 4.3)	10.000	10.000	10.000	10.000
Wert nach 24 Jahren (wie Tab. 4.3)	20.000	40.000	80.000	160.000
Zuwachs nominal	10.000	30.000	70.000	150.000
Abzüglich Steuer 28 % = ca.	–3000	–8000	–20.000	–42.000
Bleiben nominal	17.000	32.000	60.000	118.000
Wert real nach Inflation	8.500	16.000	30.000	59.000
Rendite real *nach* Steuer und Inflation	–0,67 %	1,98 %	4,68 %	7,68

Wer z. B. 10.000 € als Festgeld anlegt, sich die Zinsen von 3 % (= 300 €) jährlich auszahlen lässt und ggf. auch versteuert, verfügt am Ende nominal zwar immer noch über 10.000 €, doch nach 24 Jahren hat sich der Wert des Geldes halbiert.

Bei einer abgeltungssteuerpflichtigen Anlage mit 6 % Rendite bleibt gerade noch eine Realrendite von knapp 2 % übrig. Man muss also schon eine Bruttorendite von deutlich über 6 % erzielen, um am Ende nach Abzug von Steuer und Inflation noch eine nennenswerte Realrendite zu erzielen.

Die folgende Beispielrechnung legt einen *Sparplan* zugrunde und geht davon aus, dass der oder die Betreffende über 24 Jahre lang monatlich

Tab. 4.5 Wertentwicklung von 100 €, bei monatlichem Ansparen über 24 Jahre (gerundete Werte)

Rendite jährlich	6 %	9 %	12 %
Wert nach 24 Jahren	65.000 €	100.000 €	150.000 €
Wertzuwachs nominal	35.000 €	70.000 €	120.000 €
Steuer 28 %	− 10.000 €	− 20.000 €	− 34.000 €
Wert nominal nach Steuer	55.000 €	80.000 €	116.000 €
Wert real, nach Inflation (ca. 50 %)	28.000 €	40.000 €	58.000 €
Rendite real ca.	− 0,23 %	2,63 %	5,41 %

100 €, also insgesamt einen Betrag von 28.800 € anspart und dafür in einer *beliebigen* Geldanlageform jeweils 6, 9 oder 12 % Zinsen bekommt (◘ Tab. 4.5):

Die Quellensteuer wirkt sich ebenfalls ungünstig auf die *Umschichtung eines Depots* aus. Wenn jemand nach 10 Jahren konsequenten Sparens merkt, dass er auf das falsche Pferd gesetzt hat und deshalb sein Depot in einen Fonds mit einer um mehrere Prozent höheren Rendite umschichten möchte, so entgeht ihm durch die Steuer schon drei Zehntel des bis dahin erreichten Vermögenszuwachses. Er hat dann zwar die Möglichkeit, mit dem verbliebenen Rest von ca. 70 % eine ggf. höhere Rendite zu erzielen. Da aber fast 30 % infolge des Steuerabzuges im Portfolio fehlen, lohnt sich eine ökonomisch sinnvolle Umschichtung des Depots unter Umständen kaum noch. Diese 30 % des Kapitals fehlen in der Folge, weil sie nicht mehr verzinst und verzinseszinst werden können. Je nach Höhe der Rendite kann so am Ende einer Laufzeit von 30 Jahren aus einem einmalig entrichteten Abgeltungssteuerbetrag in vierstelliger Höhe ein sechsstelliger Fehlbetrag im Vermögen werden. *Mehrfache* Umschichtungen des angesparten Kapitals im Laufe eines rund 30-jährigen Erwerbslebens lohnen sich selbst bei hohen Renditen gar nicht mehr und könnten sogar zu einem *Verlust* führen, was im Einzelfall durchkalkuliert werden muss (beachten Sie dazu die Anlagestrategien in ► Abschn. 6.4).

Um die Abgeltungssteuer von „nur" ca. 28 % auszugleichen, beträgt der Mehraufwand, um ein bestimmtes Anlageziel zu erreichen, knapp 40 %. Die Rechnung in ◘ Tab. 4.6 macht es deutlich:

Tab. 4.6 Mehraufwand des Ansparens zum Ausgleich der Abgeltungssteuer

Anlageziel	100 €
Abzüglich Abgeltungssteuer 28 %	28 €
Netto verbleibend	72 €
Mehransparen von 39 %	39 €
Angespartes Gesamtvermögen brutto	139 €
Abzüglich Abgeltungssteuer 28 %	100,08 €
Nettovermögen nach Steuer = Anlageziel	100,08 €

> **Tipp**
>
> Nutzen Sie folgende Onlinerechner zur Berechnung Ihrer individuellen Abgeltungssteuer im Web: ▶ https://www.zinsen-berechnen.de/abgeltungssteuerrechner.php und ▶ https://www.handelsblatt.com/abgeltungssteuerrechner/.

- **Ist der „Wohlstand für alle" doch nur eine Illusion?**

Alle Beispielrechnungen zeigen, wie stark Steuern und Inflation die „tatsächlichen" Renditen schmälern oder sogar ungewollt einen Verlust verursachen. Der Staat muss sich den Vorwurf gefallen lassen, dass er mit der Abgeltungs- bzw. Quellensteuer genau das verhindert, was er doch zu fördern vorgibt, nämlich die Vermögensbildung in privater Hand bzw. den Aufbau einer privaten Altersvorsorge, ohne dass er eine Alternative schafft. Denn die gesetzlichen Renten sind seit Jahren im Sinkflug, und das Umlagesystem (vgl. ▶ Abschn. 4.4) funktioniert schon lange nicht mehr. Außer die Beitragssätze zur Rentenversicherung zu erhöhen oder anzupassen, fällt den Politikern seit Jahrzehnten nichts Konstruktives zu diesem Thema ein. Schon jetzt (Stand: 2023) liegt der Beitrag zur Rentenversicherung für Arbeitnehmer bei 18,6 % des Bruttolohns; 1955 betrug er nur 11 %, und bis 2030 soll er auf 22 % steigen. Wenn jeder Arbeitnehmer diesen Betrag eigenverantwortlich in eine hochrentable Geldanlage einzahlen würde und darauf keine Steuer entrichten müsste, könnte er sich selbst eine solide Altersvorsorge aufbauen – ganz ohne den Staat, der zugleich eine große Sorge weniger hätte und finanziell wie auch verwaltungstechnisch entlastet wäre.

In einigen europäischen Ländern ist es schon üblich, dass die Renten für die Arbeitnehmer aus den Renditen von Aktienfonds bezahlt werden, so z. B. in Schweden, Großbritannien und Niederlande (vgl. Veiga Pinto 2022), anstatt dass man auf eine Generationenumlage setzt. Hierzulande spekuliert der Staat noch auf „mehr Kinder", die als künftige Beitragszahler die Rentenkassen wieder füllen sollen. In der Zwischenzeit ist Ebbe in der Kasse, und man gewöhnt das Volk an Niedrigrenten nahe am oder unter dem Existenzminimum.

Doch statt auf die Biologie zu hoffen, sollte der Staat lieber gesunde finanzielle Grundlagen schaffen, z. B. indem er auf hinderliche Steuern verzichtet. Denn sinkende Realeinkommen tragen meiner Meinung nach nicht zur Geburt von mehr Kindern bei. Inzwischen sind meist beide Partner in einer Partnerschaft berufstätig, weil das Einkommen eines Partners nicht mehr ausreicht, um die Familie zu ernähren; das war vor 50 bis 60 Jahren noch anders. Frauen, die voll berufstätig sind, bekommen aber weniger oder gar keine Kinder, weil sie zu wenig Zeit für deren Erziehung haben. Daran ändern auch Kita-Plätze nichts, die im Übrigen manchmal zu teuer und manchmal gar nicht zu bekommen sind. Nicht zuletzt darum ist die Generation Z der um das Jahr 2000 Geborenen deutlich kleiner als die Babyboomer-Generation der frühen 60er-Jahre, deren Mütter in der Regel nicht berufstätig waren, weil für die Familie das Einkommen eines Partners ausreichte.

Der ehemalige US-amerikanische Soziologie-Professor C. Northcote Parkinson – bekannt durch „Parkinsons Gesetz", das die Auswüchse der Bürokratie und die Entwicklung von „Wasserköpfen" in der Verwaltung darstellt – bringt das Problem überflüssiger, den Bürger behindernder Steuern, auf den Punkt:

„Es gibt Steuern, die einfach mit dem Prinzip der persönlichen Freiheit unvereinbar sind. Das sind Steuern, […] welche ihrem Ausmaß nach über den Bedürfnissen der Öffentlichkeit liegen, und schließlich Steuern, welche die Bildung von Kapital in privater Hand ausschließen sollen. Wenn der Staat erst allmählich alles besitzt, ist der einzelne ihm machtlos preisgegeben: Weder hat er Mittel, sich zur Wehr zu setzen, noch hat er etwas zu verteidigen. Die Selbstverwirklichung eines ganz normalen Menschen, der weder kreativer Künstler noch Wissenschaftler ist, besteht darin, Räume zum Einrichten, Gärtchen zum Pflegen, Bäume zum Pflanzen und Kinder zum Aufziehen zu haben. Gehen jedoch auch diese Ausdrucksmöglichkeiten verloren, so verlieren sich **Individualität, Freiheit** *und* **Hoffnung** gleichermaßen" (Parkinson 1984, S. 65).

Nichts ist entwürdigender, als wenn ein Mensch irgendwann auf Almosen des Staates angewiesen ist – weil die Rente zu niedrig ist und weil die Bildung von Vermögen in Privathand zugleich übermäßig behindert wird. Der Staat sollte deshalb alles tun, damit der Bürger in die Lage versetzt wird, sich selbst zu helfen und unter Nutzung ökonomischer Prinzipien zu Wohlstand zu gelangen. Es kann nicht richtig sein, wenn man dem Bürger auf dem Weg dorthin bereits immer wieder einen erheblichen Teil dieser Grundlage wegnimmt, die gerade für eine effiziente Vermögensbildung unverzichtbar ist.

> Für den Steuerzahler besteht die Gefahr, sich „arm zu sparen", wenn er die Abgeltungssteuer und die Inflation bei der Wahl einer Anlageform und deren Rendite nicht miteinrechnet. Umso wichtiger ist es, von Anfang an eine gute, sichere und *renditestarke* Kapitalanlage auszuwählen.

Schauen wir uns unter diesem Aspekt einige der gängigen Geldanlageformen an, die von Banken und Versicherungen angeboten und häufig auch als „Vorsorgeprodukte" für das Alter gewählt werden.

4.3 Ebbe im Geldbeutel mit Anlagen „zum Nulltarif"

Der Deutschen liebstes Kind sind festverzinsliche Anlagen. Der Hauptgrund hierfür ist, dass sie *Sicherheit* haben möchten. Das ist verständlich. Niemand möchte, dass sein „sauer verdientes" und mühsam erspartes Geld irgendwann einfach „weg" ist. An erster Stelle steht die Sicherheit des eigenen Geldes, dann erst folgt der Gedanke an dessen Vermehrung. Bei einer Bank oder bei einer Versicherung fühlt sich der durchschnittliche Sparer sicher und bekommt auch noch etwas für dieses „Gefühl der Sicherheit", allerdings unter dem Strich viel zu wenig.

Die Zinsen für die beliebtesten Anlageformen wie Sparbuch, Festgeld und Tagesgeld sind eng an die von der Europäischen Zentralbank (EZB) vorgegebenen Zinssätze gekoppelt, an die sich die Banken halten müssen. Über mehr als ein Jahrzehnt hielt die EZB die Zinsen extrem niedrig, um künstliche Anreize zu schaffen, damit Geld ausgegeben oder von Unternehmen investiert wird.

Sowohl Kredit- als auch Guthabenzinsen waren von 2009 bis 2022 auf einem historischen Tiefststand, den es in den voraufgangenen 60 Jahren noch nie in der Bundesrepublik gegeben hatte. Erst seit 2023 steigen die Zinssätze der EZB wieder in bescheidenem Umfang an, und die Geldinstitute folgen dieser Vorgabe. Wenn man genau hinschaut, sind die meisten festverzinslichen Anlagen aber unrentabel. Sie waren es schon vor 2009 und sie sind es seitdem in noch stärkerem Maße.

> Festverzinsliche Anlagen eignen sich bestenfalls für eine *kurzzeitige* Geldanlage, die dazu dient, eine bestimmte Anschaffung, wie z. B. ein neues Auto oder neue Möbel, anzusparen und anschließend ihrem Zweck zuzuführen. Für den *langfristigen* Aufbau einer privaten Altersvorsorge oder eines Vermögens sind sie komplett ungeeignet.

Das Sparbuch

Die deutschen Sparer scheinen geradezu unbegrenzt leidensfähig zu sein. Ohne zu murren, haben sie auch nach 2009 klaglos ihr Geld weiter festverzinslich-schlechtverzinslich angelegt, vor allem auf dem von ihnen so geliebten „Sparkonto" (siehe ◘ Abb. 4.1). 46 % aller Bürger besitzen eines – und noch immer gibt es Menschen, die keines haben, aber die Anschaffung planen. Nach Angaben der Bundesbank haben die Deutschen rund 42 % ihres Vermögens in Höhe von 7,3 Billionen EUR (vgl. ► Abschn. 2.1) auf dem Sparkonto „geparkt". Das sind rund 3,06 Billionen Euro!

Viele Menschen wollen anscheinend nicht anerkennen, dass sie sich bei manchen Geldanlageformen einfach nur „arm sparen" – dass sie nur verlieren und rein gar nichts hinzugewinnen. Sie lassen es sehenden Auges zu, dass sich ihr sauer verdientes Geld Jahr um Jahr weiter „in Luft auflöst".

Wie hoch ist der Zins auf dem Sparkonto? Er lag im Durchschnitt bis etwa zum Jahre 2009 bei 2 %, danach rutschte er auf deutlich unter 1 %, 2021 lag er bei sage und schreibe 0,1 %. Es erübrigt sich, dies weiter zu kommentieren. Anhand der 72er-Regel, der Inflation und der Abgeltungssteuer ist es evident, dass diese Geldanlage für den Sparer im Prinzip zur *Geldvernichtung* führt. Es gibt nur zwei Institutionen, die an einem Sparkonto verdienen: das Finanzamt und die Bank. Letztere kann das Geld des Sparers verwenden, um es etwa zum doppelten Zins an Kreditnehmer zu verleihen und auf diese Weise zu vermehren. Für die Bank ist es daher günstig, wenn sie Ihr Geld zu einem möglichst niedrigen Zinssatz leiht und es zu einem möglichst hohen Zinssatz verleiht. Und der Staat verdient über Inflation und Steuer jederzeit mit.

4.3 · Ebbe im Geldbeutel mit Anlagen „zum Nulltarif"

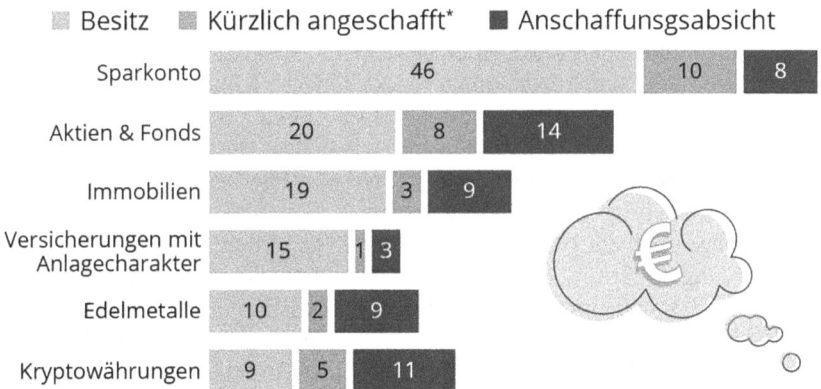

☐ Abb. 4.1 Das Sparbuch – alte Liebe rostet nicht

Eine Großbank hatte vor einigen Jahren in ihren Fenstern in großen Lettern einen Spruch ausgehängt:

» „Das Sparbuch heißt Sparbuch, weil man es sich sparen kann."

War das nun Ironie – oder wollte man die Sparer vor den eigenen Produkten warnen? Ich weiß es nicht, auf jeden Fall ist es die Wahrheit.

Festgeld und Tagesgeld

Geringfügig, aber nicht deutlich besser als bei Sparkonten sieht es beim Fest- oder Termingeld aus. Das Geld wird für einen fest vereinbarten Zeitraum angelegt, üblicherweise für ein bis drei Jahre, und im Gegenzug erhält der Anleger einen festen Zinssatz. Im langfristigen Durchschnitt lag dieser früher bei etwa 3 %, derzeit (Stand: 2023) sind teilweise auch + 4 % erhältlich.

Tagesgeldkonten bieten eine variable Verzinsung und erlauben es im Unterschied zum Sparkonto, jederzeit über das Geld zu verfügen. Der Vorteil ist also, dass keine dreimonatige oder längere Kündigungsfrist besteht wie beim Sparkonto und beim Festgeld. Der Zinssatz ist aber genauso niedrig wie bei Sparkonten. ◘ Tab. 4.7 zeigt, wie sich solche Geldanlagen infolge von Inflation und Abgeltungssteuer entwickeln. Hierbei ist unterstellt, dass die Steuerfreibeträge ausgeschöpft werden.

Und hier noch ein Nachtrag zum Thema Sicherheit: Für die festverzinslichen Anlagen garantiert der Gesetzgeber über die „Einlagensicherung", dass bis zu 100.000 € pro Kunde in der EU abgesichert sind, auch wenn eine Bank insolvent wird. Doch was ist eine Einlagensicherung für 100.000 € wert, wenn sich das Geld nach und nach durch Inflation und Abgeltungssteuer schon von allein, und ohne jedes Zutun, in Nichts auflöst? Ein Betrag von 100.000 € – sei es nun als Einmalanlage oder als Ansparziel – ist in einem Aktienfonds weitaus besser aufgehoben (vgl. ▶ Abschn. 3.3 und 5.3), dort auch durchaus „sicher" und von der Rendite her ertragreicher.

◘ **Tab. 4.7** Entwicklung des Zinssatzes eines Sparbetrags durch Inflation und Steuer

	Sparbuch, Tagesgeld	Festgeld
Langfristiger Durchschnittszins	1 %	3 %
Inflation (langfr. Durchschnitt)	−3 %	−3 %
Abgeltungssteuer (30 %)	−0,3 %	−0,9 %
Ergebnis	**−2,3 %**	**−0,9 %**

4.3 · Ebbe im Geldbeutel mit Anlagen „zum Nulltarif"

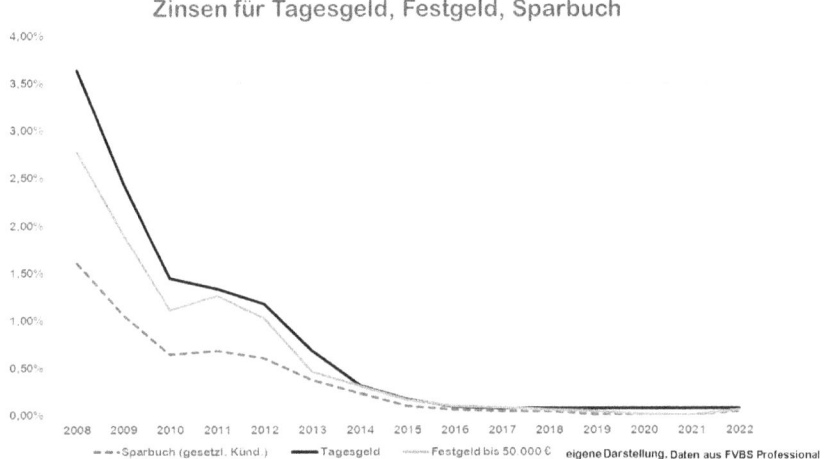

☐ **Abb. 4.2** Zinsen für Tagesgeld, Festgeld, Sparbuch

> Keine Geldanlage ist absolut sicher, aber die Scheu vor dem Risiko hat einen so hohen Preis, dass eine Vermehrung des Geldes damit ausgeschlossen ist.

Das Bedürfnis nach Sicherheit, das bei vielen Menschen so ausgeprägt ist, erinnert an den Witz der alten Dame, die in die Sparkasse geht und sich ihr gesamtes Geld auf dem Sparkonto vom Bankmitarbeiter auszahlen lässt. Nachdem der Mitarbeiter ihr den Betrag Schein um Schein vorgezählt und übergeben hat, sagt sie: „Danke, Sie können das Geld jetzt wieder auf dem Konto einzahlen." Auf seine verdutzte Frage, warum sie es denn zunächst abgehoben habe, antwortet sie: „Ich wollte nur mal sehen, ob mein Geld noch da ist." Ja, das Geld ist noch da – aber leider hat die Dame vergessen zu fragen, wie viel es durch die Inflation an Wert und Kaufkraft eingebüßt hat.

Sparbuch und Festgeld waren für Sparer noch nie besonders lukrativ. Das war schon früher so, doch hat sich der Effekt durch die Finanzkrise seit 2008/09 noch einmal verstärkt. Mit Hilfe einer Investment-Software habe ich für die Zeit von 2000 bis 2023 dargestellt, wie sich der Zins entwickelt hat. ☐ Abb. 4.2 zeigt das Ergebnis: Bei Zinsraten von 1 % oder weniger macht der Sparer oder Geldanleger immer einen Verlust und spart sich arm. Die Inflation hat das Ersparte schneller weggefressen, als es sich vermehren kann.

Der Bausparvertrag

Vor etwa 25 Jahren habe ich an einem speziell für Steuerberater angebotenen Seminar teilgenommen, das von einem Investmentbanker geleitet wurde. Dieser gab einen Spruch zum Besten, den ich damals nicht verstand, der mir aber wegen seiner Schockwirkung im Gedächtnis haften blieb. Sein Professor habe seinen Studenten Folgendes mit auf den Weg gegeben:

> „Zahlen Sie niemals in eine Bausparkasse ein, es sei denn, Sie wollen die Bausparkasse kaufen."

In entsprechenden Anzeigen suggerieren Bausparkassen vielfach, dass ein Bausparvertrag die Voraussetzung sei, um sich irgendwann eine Immobilie leisten zu können. Schlagworte wie: „Erfüllen Sie sich Ihre Wohnwünsche", „Junges Glück im Eigenheim" oder „Bausparen oder lebenslang Miete zahlen?" sind an der Tagesordnung.

Das Gute an einem Bausparvertrag ist, dass man für eine geplante Immobilie oder eine Immobiliensanierung sehr frühzeitig mit dem Sparen anfängt. Bei einem klassischen Bausparvertrag zahlt man etwa 8 bis 10 Jahre lang die Hälfte der Bausparsumme an, um damit einen Anspruch auf ein zinsgünstiges Darlehen in gleicher Höhe zu erwerben. Richtig ist, dass jemand Eigenkapital ansparen muss, wenn er irgendwann bauen oder ein Eigenheim erwerben will. Wer spart, sollte aber die Rendite nicht vernachlässigen. Bausparkassen zahlten schon früher nur etwa 1 % Zins auf das Guthaben; gegenwärtig (Stand: 2023) zahlen sie nur 0,1 %. Die Rendite ist also genauso gering wie beim Sparkonto, und wir haben den gleichen Effekt: Schon während der Ansparphase wird das angesparte Kapital von der Inflation (+ 3 %) vernichtet! Der Sparer spart gewissermaßen „gegen die Inflation an" – und das ist unglaublich mühselig und unnötig schwer.

Bausparkassen locken ihre Kunden gerne mit **vermögenswirksamen Leistungen,** die in den Bausparvertrag einfließen. Sie werden vom Arbeitgeber in der Regel bezahlt und betragen bis zu 480 € im Jahr (Stand: 2023), also maximal 40 € im Monat. Zusätzlich gibt es eine **Wohnungsbauprämie in Höhe von 10 % auf die einbezahlten Beiträge.** Für Alleinstehende beträgt die maximal geförderte Sparleistung 700 € im Jahr, die Förderung beträgt dann 70 € (!). Bei Ehepaaren werden 1400 € Beitrag gefördert mit einer Prämie von 140 € (!). Allerdings muss das zu versteuernde Einkommen bei Singles unter 35.000 € und bei Ehepaaren unter 70.000 € jährlich liegen (Stand: 2023). Zusätzlich kann ggfs. eine Arbeitnehmersparzulage beantragt werden. Diese beträgt 9 % der geförderten Sparleistung, maximal 42,30 €. Nutzt man die Arbeitnehmersparzulage für die Einzahlung der vermögenswirksamen Leistungen in einen Fondssparvertrag, beträgt die Förderung 20 % der geförderten Sparleistung, maximal 80 € im Jahr (Stand: 2023).

Schon diese extrem niedrigen Beträge, die als „Prämie" oder „vermögenswirksame Leistung" aufgerufen werden, klingen nach „Armsparen". Jeder weiß, dass Immobilien – gleich ob Wohnung oder Haus – im mittleren bis hohen sechsstelligen Bereich oder darüber liegen. Da sind solche Kleinbeträge nicht mehr als ein „Tropfen auf dem heißen Stein" der Kaufsumme. Bei einer Ansparzeit von 10 Jahren bekäme der Bausparer bei maximaler Förderung durch den Arbeitgeber von diesem insgesamt 4800 €. Im Idealfall erhält er vom Staat zusätzlich 700 € (Wohnungsbauprämie) und 423 € (Arbeitnehmersparzulage). Das Gros der Ansparsumme muss vom Sparer selbst kommen, der doch nur ein Durchschnittseinkommen haben „darf", um überhaupt davon zu profitieren. In Anbetracht hoher Immobilienpreise und sinkender Nettoeinkommen ist die Frage berechtigt, ob jemand mit einem solchen Einkommen es überhaupt schaffen kann, innerhalb seines Arbeitslebens das Geld für eine Immobilie anzusparen – oder ob er sein Geld nicht woanders cleverer und besser anlegt, z. B. in einem Aktienfonds mit Renditen von 6 bis 8 % (vgl. ▶ Abschn. 5.3).

Die **Bausparsummen** in den Verträgen werden häufig sehr hoch gesetzt, damit auch am Anfang schon eine ordentliche **Abschlussprovision** für den Verkäufer herausspringt – ganz ähnlich wie bei Lebensversicherungen (vgl. ▶ Abschn. 2.3). Die Abschlussgebühr in Höhe von 1 bis 1,6 % der Bausparsumme kann entweder sofort entrichtet oder mit den Sparraten verrechnet werden. Im letzten Fall beginnt die Guthabenverzinsung erst, wenn die Abschlussgebühr durch die Sparraten abgedeckt ist.

Ein Beispiel soll dies verdeutlichen. Bei einem Bausparvertrag über 30.000 € beträgt die Abschlussgebühr, die durch die ersten Raten beglichen wird, 480 €. Das anzusparende Mindestguthaben beträgt 15.044 €, der monatliche Sparbeitrag unter Berücksichtigung jährlich anfallender Vertragsgebühren 109 €. Die Differenz zwischen der Bausparsumme und dem angesparten Mindestguthaben (15.044 €) steht dem Vertragsnehmer als Darlehen zur Verfügung und beträgt 14.956 €. Die Ansparphase würde 12 Jahre dauern, die Darlehenslaufzeit ebenfalls. Nach Beendigung der Ansparphase kann der Bausparer über die gesamte Summe des Vertrags, also im Beispielfall über die 30.000 €, verfügen, während gleichzeitig die Rückzahlung des Darlehens beginnt. Die monatliche Rate für die Rückzahlung des Darlehens beträgt 114 €.

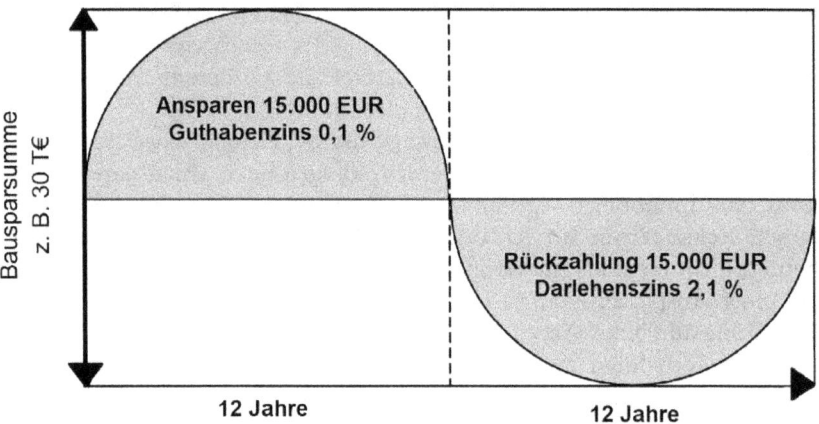

 Abb. 4.3 Bausparen

Das günstige Darlehen zu einem festen niedrigen Zins ist einer der Hauptgründe, warum Bausparverträge abgeschlossen werden. Derzeit (Stand: 2023) liegen die Darlehenszinsen bei durchschnittlich 1,89 %. Allerdings ist bereits eine Anhebung der Sollzinsen in der Diskussion. In der Regel liegt der Abstand zwischen Guthaben- und Darlehenszinsen bei Bausparverträgen je nach Tarif zwischen 1,5 und 2,5 %.

 Abb. 4.3 macht deutlich, wie ein Bausparvertrag vom Prinzip her funktioniert: Die erste Hälfte der Zeit dient dem Ansparen des Guthabenanteils, der 50 % ausmacht, die zweite Hälfte der Rückzahlung des Darlehens in gleicher Höhe.

Die Frage ist, ob es sinnvoller sein kann, ein entsprechendes Guthaben in einem Aktienfonds anzusparen. Dabei sind zwei Faktoren zu berücksichtigen: der Guthaben- und der Kreditanteil.

Angenommen, der Sparer würde sein Geld statt in einem Bausparvertrag in einem Aktienfonds ansparen, der 7 % Rendite pro Jahr bringt. Er zahlt monatlich die 109 €, die er sonst in den Bausparvertrag eingezahlt hätte, in den Fonds ein. Nach 12 Jahren hätte er bereits ein Guthaben von 20.564 €, wobei die Abgeltungssteuer schon berücksichtigt ist. Für den Restbetrag, der an den 30.000 € fehlt, bräuchte er jetzt noch einen Kredit über 9436 €, statt über 14.956 € wie bei der Bausparkasse. Nun hätte er zwei Möglichkeiten:

4.3 · Ebbe im Geldbeutel mit Anlagen „zum Nulltarif"

a. Er nimmt einen Kredit zu den üblichen Sollzinsen von derzeit 3 bis 5 % (Stand: 2023) auf. Nehmen wir an, die Kreditzinsen betragen 4 % jährlich. In diesem Fall müsste der Sparer 12 Jahre lang monatlich etwa 83 € bezahlen, um den Kredit von 9436 € zu tilgen.

b. Er vereinbart mit der Bank ein „endfälliges Darlehen", das ihn von monatlichen Tilgungszahlungen entbindet. Stattdessen zahlt er den Kredit komplett am Ende der Laufzeit in einer Summe zurück. Dabei verpflichtet er sich, die Kreditsumme während der Laufzeit im Aktienfonds mit 7 % Rendite anzusparen. Für die Zinsen müsste er monatlich 32 € zahlen, sodass bei derselben Gesamtrate wie beim Bausparvertrag (114 €) noch 82 € monatlich in den Fonds eingezahlt werden könnten. Nach 12 Jahren hätte er ein Guthaben in Höhe von 15.471 € angespart, wobei die Abgeltungssteuer wiederum bereits berücksichtigt ist. Davon müsste der Kredit über 9436 € zurückgezahlt werden. Der Vorteil dieser Variante betrüge also 6035 € (zur Tilgung von Krediten über Aktienfonds-Sparen vgl. ▶ Abschn. 6.3).

Im Vergleich dazu müsste unser Sparer bei einer Bausparkasse für die Rückzahlung des Darlehensanteils trotz niedrigerer Darlehenszinsen (1,55 %) in der Tilgungsphase Raten in Höhe von 114 € bezahlen.

> **Tipp**
>
> Nutzen Sie für die schnelle Berechnung von Krediten und Kreditzinsen den Onlinerechner ▶ https://www.verivox.de/kredit/rechner/ oder ▶ https://www.zinsen-berechnen.de/kreditrechner.php.

Der Vorteil beim Aktienfonds-Sparen besteht neben niedrigeren Kreditraten und höheren Guthabenzinsen auch darin, dass Sie das von Ihnen angesparte Kapital *beliebig verwenden* können. Sie können sich jederzeit anders entscheiden, wenn Sie keine Immobilie erwerben oder keine Sanierung Ihrer Immobilie durchführen möchten. Sie können sich entschließen, nach 12 Jahren einfach weiterzusparen und das Geld nicht auszugeben – oder es für etwas ganz anderes auszugeben, als ursprünglich geplant. (Generell wird mit längeren Laufzeiten das Modell des Aktienfondssparens sicherer; daher sollte man, wenn möglich, durchaus auch mehr als 12 Jahre ansparen.)

Ein Bauspardarlehen ist hingegen stets zweckgebunden: Es darf nur für „wohnwirtschaftliche Zwecke" genutzt werden. Auch den Zuteilungszeitpunkt des angesparten Kapitals können Sie bei einem Bausparvertrag nicht frei bestimmen, denn dieser ist von den Spar- und Tilgungsleistungen der gesamten Bausparergemeinschaft abhängig. Unter Umständen müssen Sie als Bausparer ein bis zwei Jahre länger als geplant warten, bis Sie über Ihr Geld verfügen können. Wer den Bausparvertrag frühzeitig kündigt, verliert die Abschlussgebühr, mögliche Bonuszinsen und die staatliche Förderung.

> Bausparen lohnt sich meist nicht. Es hat eine Reihe von Nachteilen: extrem niedrige Guthabenverzinsung, geringe Prämien und vermögenswirksame Leistungen, Zweckgebundenheit der Geldverwendung, terminliche Ungewissheit über die Verfügbarkeit des Guthabens und finanzielle Nachteile bei vorzeitiger Kündigung. Sparen in Aktienfonds ist demgegenüber flexibler und hat eine erheblich höhere Rendite: Die Rendite von Aktienfonds ist ca. 5,9 bis 7,9 % höher als der Guthabenzins beim Bausparen.

4.4 Unsicher versichert – private Altersvorsorge auf Abwegen

■ **Warum die gesetzliche Rente nicht ausreicht**
„Rente: Um auf 1200 € zu kommen, müssen Durchschnittsverdiener 37 Jahre lang arbeiten", titelte Business Insider (2023). Wer 1500 € bekommen möchte, muss dafür 47 Jahre lang arbeiten. Um überhaupt das Sozialhilfeniveau zu überschreiten, ist es notwendig, zumindest 27 Jahre lang Rentenbeiträge einzubezahlen, und zwar in einer Gesamthöhe von 83.600 €. Diese Zahlen basieren auf Modellrechnungen des Arbeitsministeriums. Selbst Politiker sehen inzwischen ein, dass Lohn und Rente in einem krassen Missverhältnis zueinander stehen, weil zu hohen Einzahlungen zu geringe Auszahlungen gegenüberstehen.

Dennoch verlassen sich viele Bürger in Sachen Altersvorsorge leider noch immer ausschließlich auf die gesetzliche Rentenversicherung. Doch das ist riskant, denn die gesetzlichen Renten sinken bereits seit Jahren. Die gesetzliche Rente wird aus den Beiträgen der Arbeitnehmer sowie zu einem Drittel aus Zuschüssen aus dem Bundeshaushalt (also aus Steuermitteln) finanziert. Dabei basiert das gesamte System auf dem Umlageverfahren: Die eingezahlten Beiträge werden nicht angespart, sondern sofort wieder an die heutigen Rentner ausgezahlt (vgl. Deutsches Institut für Altersvorsorge 2023).

4.4 · Unsicher versichert – private Altersvorsorge...

Das Problematische am Umlageverfahren ist der sogenannte „demografische Wandel": Auf der einen Seite leben die Menschen heute immer länger, beziehen also länger Rente, auf der anderen Seite haben wir seit Jahrzehnten eine rückläufige Geburtenrate. Mit anderen Worten: Immer weniger Beitragszahler müssen die Renten von immer mehr Beitragsempfängern finanzieren, die zudem noch eine höhere Lebenserwartung haben als früher. Während vor gut 60 Jahren rechnerisch noch 6 aktiv im Erwerbsleben stehende Beitragszahler einen Rentner finanzierten, sind es heute nur noch 2,1 Beitragszahler pro Rentner, und die Zahl wird in den kommenden Jahren auf 1,5 sinken.

Das Umlageverfahren funktioniert demnach immer schlechter, was in den letzten Jahrzehnten bereits zu einer schrittweisen Absenkung der Renten geführt hat. Schon jetzt leben viele Rentner an der Armutsgrenze. Wer heute beispielsweise 2500 € brutto verdient, wird, wenn er im Jahre 2030 in den Ruhestand geht, nur noch etwa 800 € monatlich aus der gesetzlichen Rentenversicherung erhalten. Von diesem Betrag werden auch noch etwaige Steuern und Sozialabgaben abgezogen.

Die entstehende „Versorgungslücke" zwischen der monatlichen (oder jährlichen) gesetzlichen Rente und Ihrem tatsächlichen Geldbedarf sollten Sie rechnerisch ermitteln, um Ihr Anlage- oder Ansparziel zu bestimmen, das Sie bis zum Eintritt des Rentenalters erreicht haben sollten. Das können Sie schaffen, wenn Sie in einer *renditestarken Anlageform* entweder langfristig über 15 bis 30 Jahre kontinuierlich in kleineren Raten oder über einen kürzeren Zeitraum sehr hohe Raten ansparen.

Tipp

Nutzen Sie verschiedene Online-Rentenrechner, um Ihre individuelle Rentenhöhe *frühzeitig* zu errechnen und zu ermitteln, wie groß die monatliche oder jährliche „Lücke" zwischen Ihrer Rente und Ihrem tatsächlichen Geldbedarf ist. So können Sie ausrechnen, wie viel Vermögen Sie für Ihre private Altersvorsorge ansparen oder anlegen sollten:
- ▶ https://www.deutsche-rentenversicherung.de/DRV/DE/Online-Services/Online-Rechner/online_rechner.html
- ▶ https://www.ihre-rentenluecke.de/#luecke
- ▶ https://www.ihre-vorsorge.de/rechner/rentenschaetzer
- ▶ https://www.zinsen-berechnen.de/vorsorgerechner.php und
- ▶ https://www.smart-rechner.de/altersrente/rechner.php.

Da die sinkenden Renten beim Einzelnen zu einer immer größeren *Versorgungslücke* führen, wird auch staatlicherseits schon seit Längerem empfohlen, dass man sich eine Zusatzversorgung aufbauen sollte. Dafür gibt es einige Finanzprodukte, die üblicherweise empfohlen werden, meist Versicherungen, und zwar
- Kapitallebensversicherungen,
- fondsgebundene Rentenversicherungen,
- die Riester-/Rürup-Rente und
- die Betriebsrenten.

Schauen wir uns im Detail an, ob und inwiefern diese Versicherungen wirklich als private Altersvorsorge bzw. zum Vermögensaufbau bis zum Rentenbeginn taugen.

Die Kapitallebensversicherung

Jedermann ist klar: Versicherungspolicen dienen in erster Linie dazu, typische, aber unberechenbare Wechselfälle des Lebens abzusichern, nämlich Risiken. Dennoch besteht ein Großteil der Versicherungsverträge im Wesentlichen aus Sparverträgen. Die Kombination „Lebensversicherung plus Absicherung des Todesrisikos" in einer sogenannten Kapitallebensversicherung empfinden viele Bürger als vorteilhaft; die Angehörigen im Falle des eigenen Ablebens gut versichert zu wissen, ist eine starke Motivation. Das ist einer der Gründe für die Beliebtheit dieses Versicherungstyps, auch wenn diese seit rund 15 Jahren immer weiter nachlässt (vgl. ▶ Abschn. 2.3).

> Eine Kapitallebensversicherung ist eine Kombination aus einer Risikolebensversicherung mit Zahlung im Todesfalle und einem langfristigen Ansparen mit Auszahlung einschließlich Zinsen nach Ende der Laufzeit.

Stirbt die versicherte Person während der Vertragslaufzeit, erhält der oder die Begünstigte, meist ein nahes Familienmitglied, die Versicherungssumme ausgezahlt, allerdings *unverzinst*. Erlebt der/die Versicherte das Ende der Vertragslaufzeit, so erhält er/sie das angesparte Kapital, das sich aus der garantierten Versicherungssumme und der sog. Überschussbeteiligung bzw. den von der Versicherung erwirtschafteten Zinsen zusammensetzt.

■ **Renditen als „unverbindliche Absichtserklärungen"**
Verbraucherschützer-Institute kritisieren bereits seit Jahrzehnten, dass die Gewinnbeteiligungen der Versicherten „intransparent" sind. Die Versicherungsgesellschaft kann mit Ihren eingezahlten Beiträgen recht beliebig umgehen. Sie braucht Ihnen nicht zu sagen, wie viel sie davon für das eigentliche Todesfallrisiko abzweigt. Sie muss Ihnen zwar die Höhe der bei Vertragsabschluss anfallenden Abschlusskosten und die für die gesamte Vertragslaufzeit *einkalkulierten* Verwaltungskosten benennen. Letztere müssen aber nicht unbedingt mit den später tatsächlich verrechneten Kosten übereinstimmen. Bei den in der Regel langen Vertragslaufzeiten können sich die wirtschaftlichen Verhältnisse bei den Versicherern erheblich ändern – und mit ihnen die tatsächlichen Kosten, die zwangsläufig auf die Versicherungsnehmer abgewälzt werden. Effizient geführte Unternehmen werden weniger Kosten verursachen und den Kunden entsprechend höhere Überschussbeteiligungen auszahlen. Doch ob ein Versicherungsunternehmen gut oder schlecht geführt wird, wissen Sie nicht und können Sie als Laie auch nicht beurteilen. Die Kosten schwanken bei den Versicherungsunternehmen zwischen 0,8 und 10 % (vgl. Klotz 2022). Zudem kann sich bei langen Vertragslaufzeiten von 20 bis 30 Jahren das Management eines Unternehmens gravierend verändern. Es kam in der Vergangenheit mehrfach vor, dass Versicherungen von anderen Unternehmen aufgekauft wurden, was ebenfalls zu Änderungen im Management, der Verwaltungsstruktur und der Kosteneffizienz führt. Sie wissen deshalb nicht, wie viel von Ihren gezahlten Beiträgen letztlich in den Spartopf fließt und was für Sie am Ende herauskommt.

Außerdem ist für das, was Ihnen letztlich ausgezahlt wird, nicht nur die Höhe der Kosten maßgeblich, sondern der Erfolg des Versicherungsunternehmens bei der Geldanlage. Auch diesen können Sie als Laie weder beurteilen noch durchschauen oder beeinflussen. Bei den Informationen, die die Versicherung Ihnen bei Vertragsabschluss geben muss (kalkulierte Verwaltungskosten, voraussichtlicher Rückkaufswert etc.), handelt es sich somit um „unverbindliche Absichtserklärungen", wie schon 2008 Manfred Poweleit, Herausgeber des renommierten „map-report" für Ratings von Lebens- und Krankenversicherungen, treffend bemerkte (vgl. Thieltges 2008).

Falls Sie bereits seit Längerem Inhaber einer deutschen Lebensversicherungspolice sind, werden Sie in der Regel von Jahr zu Jahr über den Stand Ihrer Ablaufleistung informiert. Mit Sicherheit haben Sie bemerkt, dass sich der ursprünglich prognostizierte Ablaufwert von Jahr zu Jahr drastisch verringert hat (vgl. ◘ Tab. 4.8). Die Versicherungen haben bereits seit

• **Tab. 4.8** Die Entwicklung des Garantiezinses für Neuverträge bei Kapitallebensversicherungen

7/1986–7/1994	3,5 %
8/1994–7/2000	4,0 %
8/2000–1/2004	3,25 %
2/2004–1/2007	2,75 %
2/2007–1/2012	2,25 %
2/2012–1/2015	1,75 %
2/2015–1/2017	1,25 %
2/2017–1/2022	0,9 %
Seit 2/2022	0,25 %

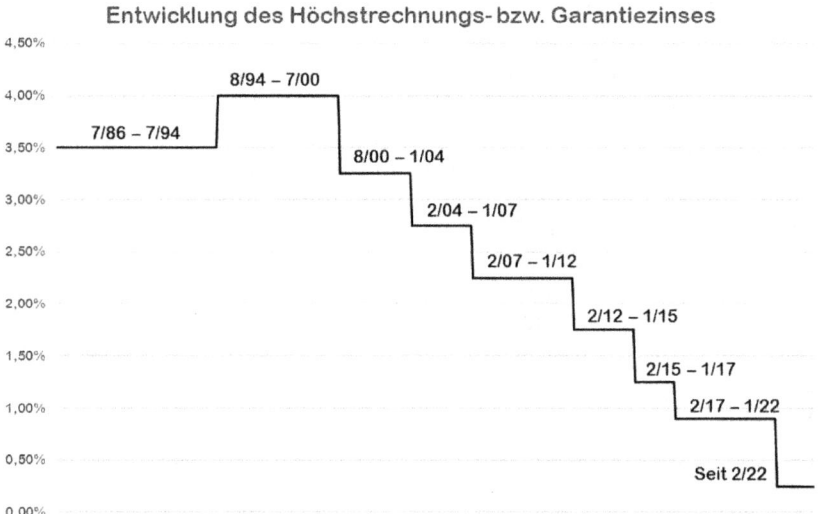

• **Abb. 4.4** Garantiezins im Sinkflug

Jahrzehnten wachsende Schwierigkeiten, auch nur den vertraglich zugesicherten *Garantiezins* zu erwirtschaften. Oben stehend eine Übersicht, wie sich der Garantiezins entwickelt hat (vgl. Statista 2022b) (• Abb. 4.4).

4.4 · Unsicher versichert – private Altersvorsorge...

Unverkennbar ist der Garantiezins bereits seit der Jahrtausendwende kontinuierlich im Sinkflug. Dieser bleibt für den Versicherungsnehmer bis zum Vertragsende unverändert bestehen – deshalb nennt es sich „Garantie". Aufgrund der Intransparenz des ganzen Policenkonstrukts wird der Versicherungsnehmer aber völlig im Unklaren gelassen, wie viel er nun tatsächlich erhält: (aktuell) 0,25 % Garantiezins, aber *worauf?* Die Verzinsung gilt nämlich nicht für den gesamten eingezahlten Betrag, sondern nur auf den Sparanteil, das ist die Ansparsumme *abzüglich der Kosten* der Versicherungsgesellschaft, die sich aus der Provision für den Vermittler, den Verwaltungskosten und der Todesfallleistung zusammensetzen. Seit 2019 sind wir sogar an dem Punkt angelangt, an dem einige Versicherer aufgrund der Kosten noch nicht einmal mehr die Auszahlung des eingezahlten Beitrags garantieren (vgl. Klotz 2022) – der Versicherungsnehmer bekommt also nicht nur keine Zinsen, sondern *weniger,* als er während der langen Vertragslaufzeit eingezahlt hat!

Neben dem Garantiezins ist die sog. *Überschussbeteiligung* wichtig, das ist die Beteiligung des Versicherten an den laufenden Gewinnen, die durch Geldanlagen der Versicherung entstehen. Garantiezins und Überschussbeteiligung ergeben zusammen die laufende Verzinsung des Sparanteils. Doch diese Verzinsung ist seit Jahren rückläufig und sank bei Lebensversicherungen von 4,19 % im Jahre 2010 auf 2,12 % im Jahre 2021 (vgl. Klotz 2022). Die Überschussbeteiligungen, die erkennbar deutlich unter der Inflation von + 3 % liegen, werden von den Versicherungsunternehmen jährlich neu festgelegt.

> **Tipp**
>
> Nutzen Sie den kostenlosen Renditerechner für Kapitallebensversicherungen im Internet unter: ▶ https://finanzrechner-rendite.faz.net/rechner/faz/lebensversicherung/default.aspx#result sowie ▶ https://www.zinsen-berechnen.de/kapitallebensversicherung.php. Rechnen Sie selbst aus, ob es günstig für Sie ist, eine solche Versicherung abzuschließen oder eine bestehende zu kündigen, um das Geld in eine Anlage mit höherer Rendite umzuschichten.

Die Versicherungsunternehmen laufen zunehmend in dieselbe Falle, in die die gesetzliche Rentenversicherung seit Jahrzehnten hineinläuft. Sie „leiden" unter den hohen Garantiezinsen früherer Jahrzehnte, an die sie gebunden sind. Um die Altkunden noch vertragsgemäß auszahlen zu können, müssen sie Neukunden extrem niedrige Zinsen garantieren. Die Neukunden werden dringend benötigt, um die Altkunden noch bedienen zu können, doch haben sie selbst das Nachsehen und zahlen langfristig nur drauf. Ähnlich ist es in der gesetzlichen Rentenversicherung: Neue, junge Beitragszahler werden dringend gebraucht, um das Loch in der Rentenkasse zu füllen, damit die älteren Bürger noch ihre Renten bekommen; gleichzeitig haben die jungen Beitragszahler selbst nur Aussicht auf eine extrem niedrige gesetzliche Rente in 20 bis 30 Jahren.

▪ „Legaler Betrug"

Man muss sich zu Recht fragen, ob die deutschen Versicherungsunternehmen über Jahrzehnte hinweg wirklich so grottenschlecht gewirtschaftet haben – hinsichtlich ihrer eigenen unternehmerischen Kostenstruktur wie auch hinsichtlich des Erfolgs ihrer Geldanlagen –, dass sie nicht in der Lage sind, den Versicherungsnehmern angemessene Zinsen zu zahlen und entsprechende Summen auszuschütten. Wenn ja, wäre das eine Bankrotterklärung, und das Produkt „Kapitallebensversicherung" müsste schnellstens vom Markt genommen werden, ehe den Versicherten noch mehr Schaden entsteht. Oder rechnen sich die Versicherungen nur für ihre Kunden arm, um Auszahlungen so gering wie möglich zu halten?

Der Bund der Versicherten (BdV) – eine gemeinnützige Verbraucherschutzorganisation für die Rechte von Verbrauchern im Versicherungswesen – bezeichnet Lebensversicherungen als „legalen Betrug". Das darf der Bund, denn er hat eine Unterlassungsklage des Lebensversicherungsverbandes gegen diese Behauptung gewonnen. 2023 wiederholte der Bund seine Aussage von 1982: „Lebensversicherungen zur Altersvorsorge sind auch 40 Jahre später noch Murks. [...] Nach wie vor vertreibt die Branche diese völlig ungeeigneten Produkte und verhindert so, dass Menschen bedarfsgerecht fürs Alter vorsorgen", so der Vorstandssprecher Stephen Rehmke (Bund der Versicherten 2023).

▪ Klumpenrisiko

Wer eine Kapitallebensversicherung abschließt, lässt sich von der vermeintlichen „Sicherheit" locken, die das Produkt oder die Versicherung verspricht. Doch das eingezahlte Geld ist durchweg nach 20 oder 30 Jahren nicht einmal mehr das wert, was man eingezahlt hat. Es ist also „sicher weniger". Nur

4.4 · Unsicher versichert – private Altersvorsorge...

wenn die Rendite höher wäre als die Inflationsrate und zudem die Besteuerung entfiele, ergäbe sich ein realer Mehrwert. Lebensversicherungen stellen zum weitaus größten Teil Geldanlagen dar, die nicht substanz- oder inflationsgesichert sind, anders als Immobilien oder Aktien bzw. Aktienfonds. In der Regel sind hauptsächlich Letztere wegen der durchschnittlich erzielbaren wesentlich höheren Rendite bei längerfristiger Anlage geeignet, der Inflation am wirksamsten Paroli zu bieten.

Zudem trägt der Versicherungsnehmer das Risiko des Versicherungsunternehmens mit – ob er will oder nicht. Wirtschaftet die Versicherung gut, bekommt der Versicherungsnehmer am Ende der Vertragslaufzeit mehr Geld; wirtschaftet sie schlecht, bekommt er wenig, schlimmstenfalls sogar weniger, als er eingezahlt hat. Im Fachjargon der Finanzbranche spricht man von einem „Klumpenrisiko", das immer dann entsteht, wenn das gesamte Geld zu stark in einem einzigen Vermögenswert (hier: ein Produkt einer einzelnen Versicherungsgesellschaft) konzentriert ist.

Der Versicherungsnehmer ist der Versicherungsgesellschaft gewissermaßen „ausgeliefert" und setzt mit ihr „alles auf eine Karte", ohne jedoch auf die Unternehmensführung oder die Geldanlage-Politik – und damit auf die ihm zustehenden Ausschüttungen am Ende der Vertragslaufzeit – Einfluss nehmen zu können. Selbst am unternehmerischen Risiko der Versicherung beteiligt zu sein, ist gewiss das Letzte, was sich ein Kunde wünscht, der eigentlich vor allem „Sicherheit" möchte. Doch verhält es sich hier genauso wie bei den Sparkonten: Das vermeintlich Sicherste erweist sich letztlich als am unsichersten und läuft de facto auf eine Geld- bzw. Vermögensvernichtung hinaus.

Ein Klumpenrisiko geht hingegen nicht ein, wer in einen Aktienfonds investiert. Denn hier wird das Risiko durch die Beteiligung an einer Vielzahl von Unternehmen *gestreut*, also diversifiziert (vgl. ▶ Abschn. 3.3); zudem ist eine Kündigung des Fonds jederzeit ohne langfristige Vertragsbindung und ohne Verlust möglich. Vor dem Hintergrund der Entwicklung der Kapitallebensversicherung in den letzten zwei Jahrzehnten ist es eigentlich mehr als überraschend, dass immer noch so viele Bürger Aktienbeteiligungen als „risikoreich" ansehen, Versicherungsverträge mit Sparcharakter aber nicht, obwohl es sich doch genau umgekehrt verhält. Vor einigen Jahren bemerkte einmal ein kluger Kopf:

> „Wer mit Versicherungen reich werden möchte, sollte deren Aktien erwerben, nicht deren Policen."

■ Britische Lebensversicherungen, die bessere Alternative

Wenig bekannt ist, dass englische Lebensversicherungen besser dastehen als deutsche und auch höhere Renditen ausschütten. Dies liegt daran, dass die deutschen Versicherungen nur 35 % des Geldes in Aktien anlegen dürfen – tatsächlich sind es meist nur 10 % –, das meiste Geld jedoch in fest- bzw. niedrigverzinslichen Wertpapieren und Immobilien investiert ist. Demgegenüber investieren die britischen Versicherungen 50 bis 80 % der Beiträge in Aktien. Denn sie unterliegen nicht den Investitionsbestimmungen des deutschen Gesetzgebers, der die Anlage in Aktien für Versicherungen stark deckelt und vorschreibt, dass die Versichertengelder hauptsächlich in festverzinslichen Wertpapieren angelegt werden müssen.

Kursschwankungen werden von britischen Versicherungen durch ein sog. „Smoothing" intern ausgeglichen, sodass über Rücklagen Phasen geringerer Aktienerträge aufgefangen werden können. Auch nach dem Brexit sind die britischen Versicherungen in Niederlassungen in Deutschland erwerbbar, ebenso in anderen EU-Staaten. In der Zeit, in der deutsche Gesellschaften 2,25 bis 5 % Rendite ausschütteten, waren es bei den englischen Versicherern 7 bis 9 %. Jährliche Bonusausschüttungen von ca. 3 % und garantierte Ablaufleistungen sind zusätzlich attraktiv. Steuerlich unterliegen die britischen Versicherungen den gleichen Bestimmungen wie die deutschen Versicherungen. Ein Vergleich lohnt sich also.

■ Die Risikolebensversicherung – Trennung von Kapitalbildung und Todesfallrisiko

Was sich bei Kapitallebensversicherungen generell ungünstig auswirkt, ist die Kombination von „Sparen" und „Risikoabsicherung". Beides wird bei diesem Produkt in einen Topf geworfen und öffnet den Versicherungen leider Tür und Tor, um insbesondere das „Todesfallrisiko" nach eigenem Gutdünken einzupreisen und dementsprechend die „Kosten" anzusetzen. Finanziell günstiger ist es für Versicherungsnehmer, für den Todesfall eine reine *Risikolebensversicherung* abzuschließen, also nur das Risiko zu versichern, ohne Ansparleistungen damit zu verbinden. Für eine Versicherungssumme von 200.000 € liegt der *jährliche* (!) Beitrag je nach Alter der versicherten Person derzeit (Stand: 2023) zwischen 100 und 300 €, also zwischen 8 und 25 € monatlich. Das ist auch für Durchschnittsverdiener problemlos zu bewältigen. Gleichzeitig bleibt genügend frei verfügbares Nettoeinkommen übrig, um auf andere Weise eine Altersvorsorge aufzubauen, z. B. durch Investition in einen renditestarken Aktienfonds.

4.4 · Unsicher versichert – private Altersvorsorge...

▶ Aufgrund ihrer Intransparenz und der geringen Verzinsung unterhalb der Inflationsrate lohnen sich (deutsche) Kapitallebensversicherungen zum Aufbau einer privaten Altersvorsorge nicht. Wer seine Familie gegen das Risiko des Todesfalls absichern möchte, sollte dies separat mit einer preiswerten Risikolebensversicherung tun.

Auch bei Abschluss einer Risikolebensversicherung sollten Sie den durch die Inflation eintretenden Kaufkraftverlust (vgl. ▶ Abschn. 4.1) einrechnen. Ein Versicherungsschutz von heute 200.000 € hat bei einer Inflationsrate von 3 % in 15 Jahren nur noch einen Wert von etwa 128.000 € (zwei Drittel) und in 24 Jahren von 98.000 €. Andererseits kann es aber auch sein, dass der Versicherungsbedarf mit der Zeit abnimmt, wenn parallel dazu anderweitig Vermögen aufgebaut wird. Eventuell kann eine Risikolebensversicherung mit *variablem* Beitrag hier sinnvoll sein. Dieser wird jedes Jahr entsprechend dem erreichten Lebensalter angepasst, ist also anfangs niedriger und später höher. Der Vorteil ist, dass in jungen Jahren mit geringen Beiträgen ein hoher Versicherungsschutz erreicht werden kann und lange Laufzeiten vereinbart werden können.

Bei einer Versicherung mit variablem Beitrag geht bei einer vorzeitigen, jederzeit möglichen Kündigung oder Herabsetzung des Versicherungsumfangs kein Beitrag verloren. Dagegen wird bei einer Versicherung mit *festem* Beitrag schon von Vertragsbeginn an das höhere Risiko im hohen Alter mit eingerechnet. Werden in späteren Jahren höhere Beiträge fällig, werden diese sogar durch die Inflation gemildert. Das heißt, ein Nominalbeitrag von 100 € belastet den Beitragszahler nach 20 Jahren real nur noch mit 55 €.

Auch sog. Restschuldversicherungen – Risikolebensversicherungen mit stetig fallender Versicherungssumme – werden vom Bund der Versicherten (BdV) empfohlen. In diesem Fall vermindert sich die Risikoversicherungssumme, indem z. B. eine Hypothekenschuld durch Ratentilgung abgetragen wird.

■ **Kündigung einer Kapitallebensversicherung**
Generell kann es sich finanziell lohnen, eine Kapitallebensversicherung aufzukündigen, wenn Sie noch mindestens 10 bis 15 Jahre oder mehr Zeit haben, um für Ihre Altersvorsorge anzusparen. Sie sollten sich nicht davon behindern lassen, dass Sie durch die Kündigung womöglich Geld verlieren, denn was Sie auf der anderen Seite z. B. durch Anlage in einem renditestarken Aktienfonds *hinzugewinnen* können, kann den Verlust mehr als ausgleichen.

Denken Sie daran: *Zeit* ist einer der wesentlichen Faktoren beim Vermögensaufbau (vgl. ► Abschn. 1.3), deshalb sollten Sie sie nicht ungenutzt verstreichen lassen, sobald Sie feststellen, dass Sie mit Ihrer Kapitallebensversicherung langfristig den Kürzeren ziehen.

Auch wenn die Stornogebühr schmerzt, können Sie Ihre Versicherung ggf. um 5 bis 15 % günstiger am sog. Zweitmarkt verkaufen, als wenn Sie sich mit dem Rückkaufswert des Versicherungsunternehmens zufriedengeben. Entscheidend ist allein, ob Sie am Ende durch eine andere Anlageform aller Voraussicht nach über *mehr* Geld verfügen oder nicht. Hier hilft nur eine unabhängige, fachkompetente Beratung.

> **Tipp**
>
> Nutzen Sie vor der Kündigung einer Kapitallebensversicherung die Informationen, den Onlinerechner und die Verbraucherberatung des Bundes der Versicherten (BdV): ► https://versicherungscheck.bundderversicherten.de/_Resources/Persistent/2/a/4/2aa43d134a996ac66a3e7f29e5e628a2e216a684/1106_Ausstieg_k_LV_MG.pdf und ► https://www.bundderversicherten.de/lebens-und-rentenversicherungsrechner.

Falls Sie den Versicherungsschutz behalten oder gar aufstocken möchten, sollten Sie den Neuabschluss einer Risikolebensversicherung *vor* der Kündigung des Altvertrages sicherstellen. Denn sonst haben Sie ggf. ein Problem, wenn Sie z. B. aus gesundheitlichen Gründen nicht mehr versicherbar sind oder einen so hohen Betrag für die Absicherung des Risikos zahlen müssten, dass es sich nicht mehr lohnt.

Wenn Sie allerdings Ihre Versicherungspolice verkaufen können, bleibt der bisherige Todesfallschutz ohne weitere Beitragszahlung erhalten. Allerdings wird im Todesfall die bereits an Sie als Kaufpreis ausbezahlte Summe für die Kapitalversicherung neben der vom Übernehmer geleisteten Prämie angerechnet.

Die fondsgebundene Rentenversicherung

Die fondsgebundene Rentenversicherung funktioniert ähnlich wie andere Versicherungen, bei denen über einen längeren Zeitraum hinweg ein monat-

4.4 · Unsicher versichert – private Altersvorsorge...

licher Betrag eingezahlt wird. Das über mehrere Jahr(zehnt)e angesparte Guthaben wird mit Rentenbeginn in monatlichen Raten bis zum Lebensende ausgezahlt. Wie der Begriff „fondsgebunden" bereits ausdrückt, investiert der Versicherer die eingezahlten Beiträge der Kunden in Fonds, z. B. in Aktien-, Immobilienfonds oder ETFs (▶ Abschn. 3.1).

Die Versicherungen geben Kursschwankungen an den Kapitalmärkten an die Versicherungsnehmer weiter – es gibt also keine Rentengarantie –, es sei denn, man schließt eine *Beitragsgarantie* ab und sichert damit das Vermögen bis zu 100 % ab. In diesem Falle bekommt man mit Eintritt des Rentenalters zumindest den eingezahlten Betrag. Je höher die Garantie ausfällt, desto weniger Rendite wird jedoch erwirtschaftet bzw. desto niedriger sind die monatlichen Auszahlungen.

■ **Der Rentenfaktor**

Die fondsgebundene Rentenversicherung garantiert dem Versicherungsnehmer ebenso wenig wie die Kapitallebensversicherung, wie viel ihm am Ende ausbezahlt wird. Es gibt zwar „Modellrechnungen" für den Kunden, doch diese sind nicht verbindlich. Um die Höhe der lebenslangen Rente zu ermitteln, die sich aus dem Vertragsguthaben ergibt, nutzen die Versicherungsunternehmen als Kennzahl den sogenannten *Rentenfaktor*. Wer z. B. bis zum Ruhestand 100.000 € angespart hat, würde bei einem Rentenfaktor von 25 eine lebenslange monatliche Rente von 250 € erhalten.

Der Rentenfaktor ist variabel und nicht garantiert. Versicherer können diesen herabsetzen, wenn sich die Annahmen zum Rechnungszins, den Überschüssen und zur statistischen Lebenserwartung ändern; dementsprechend sinkt dann auch die monatliche Rentenauszahlung. In der Vergangenheit haben Versicherungsunternehmen den Rentenfaktor in bestehenden Verträgen gesenkt und dies mit der augenblicklichen Niedrigzinsphase begründet. Dazu gibt es jetzt ein Urteil des Landgerichts Köln (LG Köln, 08.02.2023, Az. 26 O 12/22), dass es nicht rechtens ist, die Herabsetzung des Rentenfaktors zur *Rentenkürzung* zu nutzen. Zwar gilt dieses Urteil erst einmal nur für die Zürich Versicherung, doch ist davon auszugehen, dass es in Zukunft auch andere Versicherungsunternehmen betreffen wird, denn die Verbraucher haben nun auf der Basis des Urteils Gelegenheit, dagegen zu klagen. Die Verbraucherzentralen sind bereits auf dieses Thema aufmerksam geworden und setzen sich generell bei allen Arten von privaten Rentenversicherungsverträgen (auch bei Riester-/Rürup-Verträgen) gegen nachträgliche Senkungen des Rentenfaktors ein (vgl. Klotz 2023).

- **Vor- und Nachteile**

Ein Vorteil der fondsgebundenen Rentenversicherung besteht darin, dass der Versicherungsnehmer seine monatliche Rente wirklich *lebenslang* erhält, und zwar auch dann, wenn sein angespartes Vermögen aufgrund seines hohen Lebensalters bereits aufgebraucht ist. Das sog. „Langlebigkeitsrisiko" ist also abgedeckt. Die Erträge unterliegen grundsätzlich der Abgeltungssteuer. Wenn die Versicherung mindestens 12 Jahre bestanden hat und eine Auszahlung nach dem 62. Lebensjahr erfolgt, wird der Gewinn nur zu 50 % mit dem persönlichen Einkommensteuersatz versteuert. Bei einer lebenslangen Rente in ratierlichen Auszahlungen wird nur der Ertragsanteil mit dem individuellen Steuersatz besteuert.

Einer der größten Nachteile ist jedoch der *undurchsichtige Rentenfaktor*, der bisher noch nach Belieben der jeweiligen Versicherungsgesellschaft festgelegt werden kann. Eine aktuelle Übersicht zeigt, dass der Rentenfaktor von Versicherung zu Versicherung leicht differiert (vgl. Thomsen und Wedekind 2023). Er liegt im Durchschnitt derzeit (Stand: 2023) bei etwa 25, wobei einzelne Gesellschaften auf + 26 und eine Gesellschaft auf nur 24 kommen. Vor einigen Jahren lag der Rentenfaktor noch bei 40.

Rechnen wir wieder nach: Nehmen wir an, Sie hätten bis zum Eintritt des Rentenalters im 65. Lebensjahr 100.000 € angespart und der Rentenfaktor betrüge 25. Sie erhielten also im Laufe Ihres weiteren Lebens monatlich 250 €, jährlich 3000 € ausbezahlt. Um das gesamte angesparte Geld zurückzubekommen, müssten Sie 98,33 Jahre alt werden (33,33 Jahre x 3000 € = 99.990 €). Erreichen Sie dieses „biblische" Alter – was ich Ihnen unbedingt wünsche –, so wären Sie nun an dem Punkt angelangt, an dem Sie über das angesparte Vermögen hinaus endlich so etwas wie eine „Rendite" erhielten. Denn bisher haben Sie ja keinerlei Zins bekommen, sondern nur das zurückerhalten, was Sie ohnehin eingezahlt hatten und was Sie – theoretisch – genauso gut zu Hause in einen „Sparstrumpf" hätten stecken können. Sie müssten also mindestens 98,33 Jahre alt werden, damit die Versicherung anfängt, sich für Sie zu rentieren. Es ist der Faktor Zeit (▶ Abschn. 1.3), der hier von Bedeutung ist.

> *Die Versicherungsgesellschaft zahlt nur so lange, wie der Versicherungsnehmer lebt.* Wird bis zum Eintritt des Todes das angesparte Vermögen nicht vollständig ausgezahlt, so kann es nicht weitervererbt oder an nahe Angehörige ausgeschüttet werden. Die Versicherung behält dieses Geld als sog. Sterblichkeitsgewinn ein – egal, wie hoch der Betrag ist.

4.4 · Unsicher versichert – private Altersvorsorge…

Der Sterblichkeitsgewinn wird zu 90 % der Gemeinschaft der Versicherten gutgeschrieben, 10 % darf die Versicherung für sich behalten. Da Versicherungsgesellschaften meistens in der Rechtsform von Aktiengesellschaften betrieben werden, fließt dieser Vorteil indirekt somit den Aktionären zu.

Versicherungen wissen natürlich, wie hoch die durchschnittliche Lebenserwartung von Menschen ist, denn darüber gibt es offizielle Statistiken und Sterbetafeln, die in ihre Berechnungen einfließen. Die Lebenserwartung für Männer lag 2022 bei 78,1 Jahren und für Frauen bei 82,8 Jahren. Die Anzahl derjenigen, die in Deutschland das 100. Lebensjahr erreichen oder überschreiten, lag 2020 in Deutschland bei 0,025 % der Bevölkerung, wie das Statistische Bundesamt mitteilt.

Bleiben wir bei unserem Beispiel: Wenn unser Versicherungsnehmer ein Mann wäre, hätte er vom 65. bis zum 78. Lebensjahr von den eingezahlten 100.000 € genau 39.000 € als Auszahlung erhalten, eine Frau bis zum 82. Lebensjahr 51.000 €. Wenn beide das durchschnittliche Lebensalter nicht überschreiten, hätten sie damit den größten Teil ihres angesparten Vermögens an die Versicherung buchstäblich „verschenkt". **Legt man die durchschnittliche Lebenserwartung zugrunde, so behält die Versicherung bei Männern ca. 60 % und bei Frauen ca. 50 % von deren angespartem Vermögen ein.**

Nicht nur, dass der oder die Versicherungsnehmer(in) keinerlei Rendite oder Zins für das jahrzehntelange Sparen erhalten, sie hätten auch noch zum überwiegenden Teil „umsonst" gespart, weil der größte Teil des Vermögens für sie komplett verloren und nicht für ihr Alter verfügbar wäre. Oder, um es anders auszudrücken: Das Geld ist nicht weg – es hat dann nur jemand anders. Das ist aber ein extrem schlechter Deal für jede(n) Versicherungsnehmer(in)! Zuallermindest müsste die Möglichkeit zum Vererben der nicht ausbezahlten Restsumme gegeben werden, aber auch das ist in diesem ebenfalls intransparenten Policenkonstrukt nicht vorgesehen.

> Die fondsgebundene Lebensversicherung ist genauso eine „Mogelpackung" wie die Kapitallebensversicherung. Überhaupt eine Rendite zu erhalten, ist statistisch von der durchschnittlichen Lebenserwartung her gesehen bereits unwahrscheinlich, und selbst wenn dies der Fall sein sollte, ist sie so niedrig, dass sich das Ansparen für eine private Altersvorsorge in keinster Weise lohnt.

In Anbetracht dessen möchte ich jedem den (nicht ernst gemeinten) Rat geben, doch lieber das Geld zu Hause im Sparstrumpf anzusparen. Da wird es zwar auch von der Inflation entwertet, doch zahlt man darauf keine Abgeltungssteuer und hat immerhin die Möglichkeit, den nicht aufgebrauchten Vermögensanteil in voller Höhe weiterzuvererben – oder sich noch so viel Wohlstand im Alter zu gönnen, wie es mit der angesparten Summe tatsächlich möglich wäre.

- **Die bessere Alternative**

Investieren Sie Ihr Geld *selbst* an den Kapitalmärkten, so entfallen „Zwischen- oder Mitverdiener", und das Geld wandert ohne Umweg über eine Versicherung *direkt* auf Ihr Konto. In diesem Falle würde die durchschnittliche Rendite von + 6 % jährlich ganz automatisch auf Ihr Konto fließen, und Sie hätten zudem den Vorteil, dass Sie vom Zinseszinseffekt profitieren und bei einer Ansparzeit von 20 bis 30 Jahren sogar ein bis drei Vermögensverdopplungen (▶ Abschn. 1.2) mitnehmen können.

Das einzige Argument, das Versicherungen für ihr Handeln seit Jahrzehnten ins Feld führen, ist die „Sicherheit", die der Kunde – angeblich – aufgrund *konstant hoher* Auszahlungsraten oder *fester* Zinssätze genießt. Vordergründig sieht es so aus, als ob der Kunde nicht ins Risiko gehen müsste, weil dies die Versicherungsgesellschaft für ihn übernimmt, doch das ist ein großer Irrtum. Über intransparente Berechnungen von Kosten, Rentenfaktoren, Überschussbeteiligungen und Ähnlichem wird das Risiko von den Versicherungsunternehmen vollständig auf die Versicherungsnehmer abgewälzt. Wie hoch der Preis ist, den sie für die vermeintliche „Sicherheit" bezahlen, können leider die meisten Kunden nicht genau nachrechnen, sonst würden sie solche Policen erst gar nicht abschließen. Möchten Sie nicht, dass andere an Ihrem Vermögen unnötig „mitverdienen", so werden Sie selbst tätig und investieren Sie in einen guten Aktienfonds!

> **Tipp**
>
> Nutzen Sie für Ihre private Altersvorsorge zur Berechnung Ihrer Sparrate und Ansparzeit sowie eines Entnahmeplans den Vorsorgerechner: ▶ https://www.zinsen-berechnen.de/vorsorgerechner.php.

Die Riester- und die Rürup-Rente

Die Riester- und die Rürup-Rente wurden in den frühen 2000er-Jahren eingeführt und waren von Anfang als steuerlich begünstigte Form der privaten Altersvorsorge gedacht, damit die Bürger Lücken in der gesetzlichen Rentenversicherung durch Eigeninitiative schließen können. Während die Riester-Rente für Arbeitnehmer, Beamte, Azubis und Bezieher von Arbeitslosengeld vorgesehen ist, wurde die Rürup-Rente vor allem für Selbstständige konzipiert, die nicht in die gesetzliche Rentenversicherung einzahlen. Bei der Riester-Rente haben die Sparer Anspruch auf staatliche Zulagen für sich und ihre Kinder und gegebenenfalls einen zusätzlichen Steuervorteil; bei der Rürup-Rente gibt es hingegen nur den Steuervorteil durch die Möglichkeit, die eingezahlten Beiträge steuerlich geltend zu machen.

Ansonsten funktioniert auch dieses Modell wiederum sehr ähnlich wie die bereits vorgestellten (Renten-)Versicherungen: Es wird über längere Zeit ein größerer Betrag angespart, der mit Eintritt ins Rentenalter monatlich ausbezahlt wird. Bei der Riester-Rente ist es möglich, sich zu Beginn maximal 30 % des angesparten Guthabens auf einmal auszahlen zu lassen, bei der Rürup-Rente nicht. Hier gibt es nur die lebenslange, monatliche Auszahlung. Die Rürup-Rente kann außerdem nicht gekündigt, sondern nur beitragsfrei gestellt werden. Im Alter müssen bis zu 83 %, ab 2058 100 % der Rürup-Rente und stets 100 % der Riester-Rente versteuert werden; sie unterliegen also der regulären Einkommens- bzw. Lohnsteuer, nicht der oftmals niedrigeren Abgeltungssteuer. Kündigt man die Riester-Rente vorzeitig, muss man sämtliche erhaltenen Zulagen und Steuervorteile zurückzahlen. Die Rürup-Rente ist generell *nicht* kündbar, selbst dann nicht, wenn man als Selbstständiger ins Angestelltenverhältnis wechselt. Zudem kann das angesparte Geld nicht vererbt werden. Optional ist es möglich, eine Hinterbliebenenversicherung zu vereinbaren. Bei der Rürup-Rente kann man wählen, wie das eingezahlte Geld angelegt wird. Am weitesten verbreitet sind klassische oder fondsgebundene Rentenversicherungen (▶ Abschn. 4.4.2).

Bei der Riester-Rente waren die Förderungen und die Zinsen früher deutlich höher. Die garantierten Zinsen liegen heute (Stand: 2023) – wie praktisch bei allen privaten Rentenversicherungen – bei nur noch 0,25 %. Sollten keine hohen Überschussbeteiligungen hinzukommen, hätte der Beitragszahler keinen Inflationsschutz und erhielte nach der langen Vertragslaufzeit möglicherweise nicht viel mehr als das ausbezahlt, was er einbezahlt hat – und er muss dies auch noch versteuern. Dies kommt wiederum einer Vermögensvernichtung gleich.

Die mangelnde Flexibilität – keine Kündbarkeit, keine Auszahlung des Gesamtbetrags, keine Verwendbarkeit für andere Zwecke als zur Altersvorsorge, keine Vererbbarkeit, langfristige Verpflichtung, volle Versteuerung, nicht beeinflussbarer niedriger Garantiezins – sind einige der Gründe, warum diese beiden Rentenformen als *gescheitert* gelten. Ganz ähnlich wie bei der fondsgebundenen Rentenversicherung müsste der Beitragszahler noch mindestens 30 Jahre leben, um nur das eingezahlte Kapital wieder herauszubekommen, wie eine Verbraucherzentrale errechnet hat (vgl. Zeit 2021b). Die Riester-Rente ist mittlerweile ein Auslaufmodell, denn die Anzahl an Neuverträgen sinkt Jahr um Jahr. Zudem werden 20 bis 25 % der Bestandsverträge nicht mehr bespart, sondern ruhen (vgl. Dunkel 2022).

Schaut man sich die Konditionen an, so muss man den Eindruck gewinnen, dass der Gesetzgeber mit der Riester- und der Rürup-Rente eine Art „zweite gesetzliche" Rente schaffen, deren Durchführung aber den Finanzinstituten statt dem Staat überlassen wollte. Denn die gesetzliche Rentenversicherung ist genauso unflexibel und bindet den Beitragszahler in ebenso hohem Maße über Jahrzehnte, ohne dass er kündigen oder bessere Alternativen wählen könnte. Die Riester- und die Rürup-Rente grenzen schon stark an eine Bevormundung des Bürgers. Die Finanzinstitute, über die man diese beiden Rentenformen besparen kann (Banken und Versicherungen), bieten nichts anderes als „die übliche" Ansparversicherung mit sehr ähnlichen Konditionen und den gewohnt hohen Provisionen auf alle Beiträge im Voraus – alter Wein in neuen Schläuchen, möchte ich sagen.

> Die Riester- und die Rürup-Rente sind unrentabel und bieten genauso schlechte Konditionen wie andere private Rentenversicherungen. Die niedrige Garantieverzinsung von 0,25 % zuzüglich vermutlich geringer Überschüsse und die rigiden Beschränkungen, vor allem hinsichtlich der Kündbarkeit, machen auch diese Versicherung ungeeignet für eine langfristige Altersvorsorge bzw. den Vermögensaufbau.

Die betriebliche Altersvorsorge

Leider steht es auch um die Betriebsrenten nicht besser. Schon vor über 10 Jahren habe ich anhand eines Beispiels ausgerechnet, dass die Kosten der sog. „Metallrente", die in der Metallindustrie als Betriebsrente gezahlt wird, so hoch sind, dass sie die Hälfte der Rendite auffressen (vgl. Stubenrauch 2014).

4.4 · Unsicher versichert – private Altersvorsorge…

Inzwischen hat sich diese Situation noch verschärft. Das Bundesamt für Finanzaufsicht (BaFin) schlug sogar schon Alarm: Ein Drittel der von ihr kontrollierten Pensionskassen habe „erhebliche finanzielle Probleme", und zwar darum, weil diese unter der Niedrigzinsphase leiden und daher die gesetzlich vorgesehenen Anpassungen an die Renten nicht mehr leisten könnten. Die Geldanlagen werfen einfach nicht genug Renditen ab, damit die Renten in versprochener Weise ausgezahlt werden können. Denn: Die Betriebsrente ist in der Hand der *privaten Versicherungswirtschaft* – und krankt daher an denselben Leiden, die auch die übrigen von den Versicherungen direkt angebotenen Produkte (Lebensversicherung, Riester/Rürup-Rente usw.) haben. Das BaFin kritisiert, dass die Versicherungsunternehmen zwar über Jahre Milliarden an Einnahmen generiert hätten, aber nicht genügend kontrolliert würden – hier sei ein unregulierter Kapitalmarkt entstanden, und zwar auf Kosten der Arbeitnehmer und vieler kleiner Arbeitgeber und Mittelständler. Auch hier ist der Punkt erreicht, an dem mit einer Absenkung der Versorgungszusagen zu rechnen ist (vgl. Rentenbescheid24). Die Frage ist allerdings, warum die Regierung nichts gegen diesen „unregulierten Kapitalmarkt" unternimmt, wenn doch bereits das BaFin als behördliche Institution die Probleme deutlich benennt.

Die ganze Situation bringt nun zusätzlich die Unternehmen bzw. Arbeitgeber in Gefahr, die seit vielen Jahren zugunsten ihrer Mitarbeiter in die Pensionskassen eingezahlt haben. Denn Arbeitnehmer können als Betroffene die Differenz zwischen dem zusagten und dem tatsächlichen Auszahlungsbetrag der Betriebsrente *von ihrem Arbeitgeber* verlangen. Dieser muss für Verträge, die vor dem 31.12.2017 abgeschlossen wurden, die Haftung übernehmen. Kann der Arbeitgeber allerdings nicht zahlen, dann ist völlig offen, ob die Arbeitnehmer überhaupt noch ihr Geld erhalten. Das Ganze ist eine höchst bedenkliche Entwicklung, denn die Unternehmen, die ihren Arbeitnehmern mit den Betriebsrenten eigentlich etwas Gutes tun wollten, sind nun u. U. sogar in Gefahr, aufgrund nicht eingeplanter Rentenzusatzzahlungen an ehemalige Arbeitnehmer selbst in eine finanzielle Schieflage zu geraten – schlimmstenfalls sogar insolvent zu werden, wenn die zu leistenden Zahlungen zu hoch sind und die finanzielle Kraft des Unternehmens übersteigen.

> Selbst wenn Sie eine betriebliche Altersvorsorge abgeschlossen haben, ist dies keine Garantie dafür, dass Sie diese in der zugesagten Höhe – oder überhaupt – erhalten.

▪ Fazit

Mehrere Verbraucherzentralen und der Bund der Versicherten (BdV) kommen zu dem übereinstimmenden Ergebnis: ***Sämtliche* kapitalbildenden Versicherungen, darunter auch *alle* privaten Rentenversicherungen, eignen sich weder zur Altersvorsorge noch zur Vermögensbildung**. Ja, sie rangieren sogar auf Platz 1 unter den Top-Ten der **unsinnigsten Versicherungen** (vgl. Verbraucherzentrale Hamburg 2022; Böhne 2023)!

„Die private Rentenversicherung beinhaltet einen dreifachen legalen Betrug: Zum einen denjenigen der klassischen kapitalbildenden Versicherung, dazu kommt die Abzocke über unfaire Sterbetafeln und schließlich verwenden die Versicherer die neuen Kundengelder, um alte Kalkulationsfehler auszugleichen", sagt Axel Kleinlein, Vorstandssprecher des BdV (Bund der Versicherten 2019).

Insbesondere Letzteres, die Gewinnung neuer Kunden, um damit alte zu bedienen, verweist auf eine bedenkliche *Abwärtsspirale,* von der man sich fragt, wo sie enden soll. Wie sollen die derzeit „neuen" Kunden in 20 oder 30 Jahren ausbezahlt werden, wenn diese heute die Auszahlungen für die „alten" Kunden sicherstellen? Wenn das Konstrukt so weitergeführt wird wie bisher, bedeutet dies zwangsläufig, dass wiederum weiterhin Kunden gewonnen werden müssen, die später die Auszahlungen für die heute neuen bzw. noch ansparenden Kunden gewährleisten. Diese jüngeren Kunden würden aber zwangsläufig *noch weniger* Rendite erhalten als die heutigen Versicherungsnehmer, die bereits seit mehr als einem Jahrzehnt ein Minusgeschäft machen. Das ganze Konstrukt abnehmenden Ertrags für die Versicherungsgesellschaften muss ja zwangsläufig in einer Pleite der Versicherungsgesellschaften enden. Im Grunde hätte längst ein radikaler Schnitt gemacht werden müssen, indem man diese Produkte endlich stoppt, vom Markt nimmt und keine neuen Policen mehr ausstellt. Aber daran scheinen die Versicherungsunternehmen kein Interesse zu haben. Es ist ja auch für sie viel bequemer, die Kunden „die Suppe auslöffeln" zu lassen, anstatt dies selbst zu tun.

Auf der einen Seite sind den Versicherungsgesellschaften die Hände gebunden, weil der deutsche Gesetzgeber verlangt, dass sie selbst überwiegend in *niedrig*verzinsliche Kapitalanlagen (Rentenpapieren) und nur zum kleinsten Teil in lukrativere Aktienfonds investieren müssen. Daher können sie natürlich auch keine *hohen* Zinsen auszahlen. Auf der anderen Seite kann man sich des Eindrucks nicht erwehren, dass die Versicherungsunternehmen auf dem Rücken der Kunden ihre eigenen Finanzen sanieren bzw. die Fi-

4.4 · Unsicher versichert – private Altersvorsorge...

nanzkrise „aussitzen", indem sie sich hinter undurchsichtigen Kosten verstecken. Das geht nur so lange gut, wie schlecht informierte und finanziell wenig gebildete Bürger (vgl. ► Abschn. 2.2) dieses Spiel nicht durchschauen und mitmachen. Und als erfolgreichen Köder dafür benutzen Versicherungen (und Banken) seit Jahrzehnten ein einziges Wort, das immer wieder zieht: das Wort „Sicherheit" – eine vermeintliche Sicherheit, die sich in *konstanten monatlichen* Auszahlungen und *festen* Zinsen ausdrückt.

Es ist natürlich eine Illusion zu glauben, dass die internationale Finanzkrise, die seit den Bankenpleiten 2008/09 die Welt insgesamt erfasst hat, einschließlich Inflation und Rezession, spurlos an Unternehmen und Endverbrauchern bzw. Sparern vorbeiginge. Sie schlägt vielmehr überall durch: in den erhöhten Preisen für Waren, aber auch in den sinkenden Renditen bei Geldanlageprodukten, von denen Unternehmen wie Versicherungen genauso betroffen sind wie Endverbraucher. Wir alle zahlen den Preis dafür! Dennoch sollten Versicherungen dies nicht benutzen, um sich auf Kosten ihrer Kunden zu sanieren, indem sie „legalen Betrug" mit untauglichen Produkten betreiben.

▪ Nur für Schildkröten geeignet

Private Rentenversicherungen, so heißt es bei der Verbraucherzentrale Hamburg, eignen sich *nur für Schildkröten*. Warum? Nehmen wir statt unseres üblichen männlichen oder weiblichen Versicherungsnehmers eine Schildkröte. Ab ihrem 98,3. Lebensjahr beginnt sich für sie die private Rentenversicherung (mit Rentenfaktor 25) zu lohnen. Denn jetzt hat sie – endlich – die vollen 100.000 € Kapital, die sie im Laufe von 20 bis 30 Jahren einbezahlt hat, zurückerhalten. Während sie in ihrer zweiten Lebenshälfte munter auf ihr 200. Lebensjahr zuschwimmt, eröffnen sich für sie nun erstmalig Renditen, und sie kommt ins Plus, weil ihr ab jetzt mehr ausbezahlt wird, als sie bisher angespart hat.

In ihrem 131,3. Lebensjahr hat sie es bei konstanten Auszahlungen von 250 € monatlich geschafft, weitere 100.000 € als Rendite zu erhalten, und sie erreicht somit – endlich – die erste Verdoppelung ihres angesparten Kapitals (vgl. ► Abschn. 1.2). Wenn wir annehmen, dass sie bis zu ihrem 65. Lebensjahr die 100.000 € in Raten einbezahlt hat, so hat sie rund 66 Jahre für die Verdoppelung ihrer Ersparnisse gebraucht. Mit anderen Worten: Der speziell für Kriechtiere geltende Zinssatz beträgt 72 : 66 Jahre = 1,09 %. Doch während unsere Schildkröte quietschvergnügt ist und sich tierisch auf ihre nächsten 33 Lebensjahre freut, sind für den durchschnittlichen Versicherungsnehmer der Spezies Mensch, der nur um die 80 Jahre alt wird, leider die „Kröten" schon seit rund 50 Jahren weggeschwommen …

Sie sehen an diesem Beispiel nochmals, wie wichtig der Faktor Zeit bei der Kapitalanlage ist (vgl. ▶ Abschn. 1.3). Da Versicherungen an den niedrigen Zinsen auf den Kapitalmärkten nichts ändern können, „schrauben" sie u. a. am Faktor Zeit und versichern das Langlebigkeitsrisiko von Schildkröten, aber nicht das Durchschnittsrisiko von Otto Normalverbraucher. Und dieser steht am Ende seines Erwerbslebens bzw. am Beginn seines Rentenalters vor einem Scherbenhaufen, wenn er feststellt, dass er im Grunde umsonst gespart hat und seine gesetzliche Rente durch private Vorsorge keineswegs so aufbessert, wie er sich das erhofft hatte. Nach wie vor ist von Altersarmut bedroht, wer sich auf die Angebote von Versicherungen verlässt.

> **Zusammenfassung**
> Nachdem wir nun eine ganze Reihe von Finanzprodukten unter die Lupe der Rentabilität genommen haben, sind bei Ihnen möglicherweise Ratlosigkeit und Ernüchterung eingekehrt. Die meisten Finanzprodukte, die Banken und Versicherungen zum Vermögensaufbau oder zur Altersvorsorge anbieten, sind untauglich – weil sie nicht einmal die Inflation ausgleichen, weil sie notorisch niedrige, geradezu lächerliche Zinsen bieten, weil sie besteuert werden, ja, weil die Beitragszahler teilweise noch nicht einmal die eingezahlten Beiträge selbst noch ausbezahlt bekommen.
>
> Grundsätzlich sind alle Kapitalanlagen zu einem Zinssatz von 3 % oder weniger nach Abzug von Inflation und Abgeltungssteuer Anlagen zum Nulltarif. Damit gewinnen Sie rein gar nichts und machen einen Verlust! Lediglich zwei Anlageformen sind unter diesem Aspekt lohnenswert: Aktienfonds und Private Equity/Venture Capital/Hedgefonds (vgl. ◘ Tab. 4.9). Von den letzten dreien würde ich jedoch abraten, denn es handelt sich um *spekulative* Anlageformen, die durchaus zu einem Teil- oder Totalverlust führen können und bestenfalls für erfahrene Anleger empfehlenswert sind, die sich bereits ein größeres Vermögen aufgebaut haben und finanziell abgesichert sind.
>
> Wenn Sie dieses Buch lesen, gehören Sie vermutlich nicht zur Spezies der Schildkröten und wollen daher auch nicht den Kopf in den Sand stecken, sondern sich lieber nach lohnenswerten Alternativen zum Vermögensaufbau umsehen. Dazu, speziell zu Aktienfonds, finden Sie in ▶ Kap. 5 weitere Informationen.

◘ Tab. 4.9 Renditen verschiedener Kapitalanlagen (Stand: 2023)

Bruttorendite vor Steuer	Art der Kapitalanlage
< 0,25–0,1 %	Kapitallebensversicherungen, private Rentenversicherungen
0,1–3 %	Sparbuch, Tagesgeld, Bausparen
3–4 %	Festgeld, Immobilien
6–8 %	Aktienfonds
> 9 %	Private Equity, Venture Capital, Hedgefonds

Invest in Best – Aktienfonds und ihre Wertentwicklung

Inhaltsverzeichnis

5.1 Das Sechseck jeder erfolgreichen Kapitalanlage – 108

5.2 Ein Beispiel für die Entwicklung eines Aktienvermögens – 111

5.3 Die besten Aktienfonds im Vergleich – 116

5.4 Dachfonds – Beteiligungen an „Tausendfüßlern" – 128

„An der Börse ist es nicht der neue Besen, sondern der alte, der gut kehrt."
(André Kostolany)

© Der/die Autor(en), exklusiv lizenziert an Springer Fachmedien Wiesbaden GmbH, ein Teil von Springer Nature 2024
W. Stubenrauch, *Sicher anlegen statt sparen*,
https://doi.org/10.1007/978-3-658-43493-9_5

5.1 Das Sechseck jeder erfolgreichen Kapitalanlage

- **Sicherheit, Rendite und Liquidierbarkeit**

Die Hauptkriterien für eine gute Kapitaleinlage werden in Fachkreisen als „magisches Dreieck" dargestellt: Die Basis bildet die **Sicherheit,** der wichtigste Faktor, und die beiden seitlichen Schenkel sind **Rentabilität** und die **Liquidierbarkeit**. Die Bezeichnung „magisch" beruht darauf, dass alle drei Seiten voneinander abhängig sind. Fundamental ist dabei die Sicherheit, die für den Erhalt des Geldes steht, denn wenn es weg ist, braucht man sich über die Rendite und die Liquidierbarkeit der Anlage – die beiden anderen Seiten des Dreiecks – keine Gedanken mehr zu machen. Liquidierbarkeit heißt, dass der Anleger jederzeit über sein Geld verfügen, also seine Geldanlage ganz oder teilweise auflösen kann, z. B. weil er sich in einer Notlage befindet und seine Ersparnisse dringend benötigt, um liquide zu bleiben.

Werfen wir noch einmal kurz einen Blick auf die bisher im Buch vorgestellten Anlageformen und überprüfen, inwiefern diese die drei wichtigen Kriterien erfüllen:

- Sicherheit und Liquidierbarkeit sind gewiss bei Sparbuch, Festgeld, Termingeld und Bausparen gegeben, allerdings schneiden sie in Sachen Rendite extrem schlecht ab.
- Bei allen privaten Rentenversicherungen sind weder Sicherheit noch Rendite noch Liquidierbarkeit gegeben: Die Sicherheit fehlt, weil derzeit nicht einmal mehr gewiss ist, ob der eingezahlte Betrag in voller Höhe auch wieder ausbezahlt wird, also ein Teilverlust droht. Eine angemessene Rendite fehlt ebenfalls, denn diese ist, falls der Versicherungsnehmer überhaupt eine erhält, lächerlich gering. Zu allem Überfluss fehlt es auch an der Liquidierbarkeit, denn die Ansparversicherungen können während ihrer Laufzeit über Jahrzehnte entweder gar nicht gekündigt werden wie die Rürup-Rente oder nur unter hohen Verlusten der bereits angesparten Summe wie bei der Kapitallebensversicherung.
- Aktien und Aktienfonds hingegen sind liquidierbar, denn der Gesetzgeber schreibt vor, dass sie jederzeit gekündigt werden können und entsprechend ihrem derzeitigen Wert innerhalb einer Woche ausbezahlt werden müssen. Sie sind auch rentabel, denn sie werfen eine Rendite von durchschnittlich 7 % ab. Und sie sind, langfristig gesehen, stets sicher, auch wenn es kurzfristig zu Schwankungen kommen kann. Aktienfonds sind grundsätzlich sicherer als Einzelaktien, weil Verluste eines Unternehmens durch die Gewinne anderer Unternehmen ausgeglichen werden (vgl. ▶ Abschn. 3.3).

Die Rendite, finanzmathematisch betrachtet

Seit Jahrzehnten machen uns Banken und Versicherungen glauben, dass Liquidierbarkeit und Rendite gegeneinander stehen, dass eine Anlage nur dann hohe Renditen abwirft, wenn man sich langfristig verpflichtet und während der Laufzeit nicht über sein Geld verfügen kann. Aktien(fonds) strafen diese Aussagen Lügen: Sie verbinden sofortige Liquidierbarkeit mit hoher Rendite.

Die Rendite ist der Betrag, den ein eingesetztes Kapital jährlich an Ertrag abwirft. Dabei schließt der Ertrag Zinsen, Dividenden, sonstige Ausschüttungen wie auch Wertsteigerungen, z. B. bei Aktien, ein. Außerdem wird die Wiederanlage sämtlicher Erträge unterstellt. Dagegen ist die persönlich erzielbare Rendite stets unter Berücksichtigung der eigenen steuerlichen Situation gesondert zu berechnen.

Bei der Rendite ist zu unterscheiden zwischen dem einfachen Mittelwert oder dem *arithmetischen Mittel* und dem genaueren *geometrischen Mittel*, das auch den Zinseszins mit einbezieht. Erst das geometrische Mittel macht den Renditesatz unterschiedlicher Finanzanlagen objektiv miteinander vergleichbar.

Wenn Sie beispielsweise aus einer Einmalanlage von 10.000 € in 10 Jahren 20.000 € machen, so beträgt der Wertzuwachs 10 % pro Jahr. Dies ist das arithmetische Mittel. Nach dem geometrischen Mittel beträgt die Rendite jedoch nur 7,43 %, und zwar aufgrund dessen, dass die Zinsen jährlich ebenfalls verzinst werden.

Von Produktanbietern und auch in der Tagespresse werden die Unterschiede zwischen dem geometrischen und dem arithmetischen Mittel oft nicht deutlich genug herausgestellt. Die Steuer bleibt dabei meist ganz außen vor, kann aber die individuell erzielbare Rendite massiv beeinflussen.

Es ist z. B. ein Irrglaube, Sie erzielten mit Festgeld, für welches Ihnen Ihre Bank jährlich 5 % Zinsen auf Ihrem Konto gutschreibt, tatsächlich eine Rendite von 5 %. Wenn Sie für eine Anlage von 10.000 € nach 5 Jahren 2500 € Zinsen, also pro Jahr 500 €, bekommen, so entspricht dieser Ertrag nur einer finanzmathematischen Rendite von ca. 4,6 %, denn dieser Renditesatz hätte genügt, um bei einer Wiederanlage der Zinsen innerhalb von 5 Jahren ein Kapital von 12.500 € anzusparen.

Oft wird für die Rendite der allgemeine Begriff „Wertzuwachs" verwendet, aber auch Bezeichnungen wie „Performance, Wertentwicklung, kumulierter Wert" sind üblich.

> Wichtig ist zu wissen, dass Sie den Wertzuwachs nicht einfach durch die Anzahl der Jahre teilen können, in welchen er erzielt worden ist, weil Sie sich dann nur etwas vormachen. Lassen Sie sich nicht von solchen Zahlen blenden, denn die finanzmathematische Rendite ist *immer* geringer. Wenn Sie auf „Nummer sicher" gehen wollen, lassen Sie sich immer vorrechnen, in wieviel Jahren sich Ihr Kapital einschließlich wieder angelegter Erträge verdoppelt, teilen die Zahl 72 durch die Anzahl der Jahre, und Sie erhalten *in etwa* den finanzmathematisch richtigen Renditesatz.

▪ Inflation, Steuer und Nachhaltigkeit

Neben Rendite, Sicherheit und Liquidierbarkeit sind meiner Ansicht noch drei weitere Kriterien wichtig für jede Kapitalanlage, nämlich die Berücksichtigung von **Inflation**, die **Steuer** und die **Nachhaltigkeit** (◘ Abb. 5.1).

Die Rendite sollte die Inflationsrate (vgl. ► Abschn. 4.1) übersteigen, denn sonst kann sich Ihr Geld nicht vermehren. Eine Anlage „zum Nulltarif" liegt auch dann vor, wenn die Rendite 3 % beträgt, die Inflationsrate aber ebenfalls. Berücksichtigt man zusätzlich die Abgeltungssteuer (vgl. ► Abschn. 4.2), so sollte die Rendite mindestens 5 bis 6 % betragen, wenn das Kapital erhalten bleiben soll.

Nachhaltigkeit heißt nach meiner Definition, dass eine Anlage langfristig Bestand hat. Ich verwende den Begriff „Nachhaltigkeit" in Anlehnung an Hans Carl von Carlowitz (1645–1714), der Oberberghauptmann am kursächsischen Oberbergamt in Freiberg war und als Begründer des Prinzips der Nachhaltigkeit gilt. Angesichts einer drohenden Holzverknappung plädierte er dafür, dass immer nur so viel Holz im Wald geschlagen werden dürfe, wie durch planmäßige Aufforstung wieder nachwachsen könne. Man müsse in der Forstwirtschaft langfristig denken und nicht zu früh die noch jungen

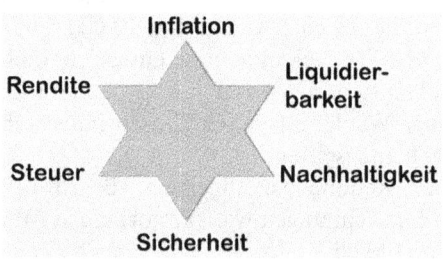

◘ **Abb. 5.1** Das Sechseck jeder Kapitalanlage

Bäume fällen, denn dann bringe man sich um den Ertrag des Holzes und der Wald sei auf lange Zeit, meist auf Jahrzehnte, ruiniert. Carlowitz legte damit den Grundstein für den nachhaltigen Umgang mit Rohstoffen.

Übertragen auf eine Kapitalanlage meine ich damit Folgendes: Wenn man monatlich aus dem „Topf" des Kapitalstamms Geld entnimmt und das Kapital schließlich aufgebraucht ist, weil man zu viel entnommen hat, ist das nicht zielführend für den Vermögenserhalt, denn man hat nicht nachhaltig gewirtschaftet. Nur wenn Sie auf Dauer höhere Erträge erwirtschaften, als Sie dem Kapitalstock entnehmen – Inflation und künftige Abgeltungssteuer eingeschlossen –, dann haben Sie eine nachhaltige Kapitalanlage. Um das Aufzehren eines vorhandenen Kapitalstocks zu verhindern oder wenigstens zeitlich so weit wie möglich hinauszuzögern, gibt es clevere Strategien, die Sie in ▶ Kap. 6 kennenlernen werden.

5.2 Ein Beispiel für die Entwicklung eines Aktienvermögens

■ **Das Geheimnis der wundersamen Geldvermehrung – ein Rechenbeispiel**

Im Juli 2007 berichtete die „*Financial Times Deutschland*" darüber, dass sich Aktien des ehemaligen Bankiers Alfons Kassel in der Zeit von 1975 bis Juni 2007 von knapp 2 Mio. € wertmäßig auf ca. 33 Mio. € vermehrt hätten (vgl. Götsch 2007). Diese Aktien gehörten bis zu ihrem Tode der Witwe Gertrud Kassel, die dieses Geld nahezu komplett der Johann-Wolfgang-Goethe-Universität Frankfurt vermachte. Als ich den Artikel las, interessierten mich insbesondere drei Fragen:

A. Wie hoch war die Rendite, wenn man davon ausgeht, dass die Dame keine Entnahme aus dem Depot tätigte?
B. Kann das Ergebnis über die einfache Zinseszinsformel, der Kapitalverdopplung über die 72er-Regel, nachvollzogen werden?
C. Was wäre dabei herausgekommen, wenn der Betrag 1975 in einem weltweit investierenden Fonds, in diesem Fall dem Templeton Growth Fund, angelegt worden wäre?

Ein Telefonat mit dem Vermögensverwalter bei der zuständigen Metzler Bank, der Frau Kassel die letzten 10 Jahre betreut hatte, ergab, dass die durchschnittliche Rendite etwa 9,4 % betragen hatte.

◘ Tab. 5.1 Entwicklung eines Aktienvermögens von 2 Mio. € über 32 Jahre nach der 72er-Regel

Anlage Mitte	1975	2 Mio. €
	1983	4 Mio. €
	1991	8 Mio. €
	1999	16 Mio. €
Stand Mitte	2007	32 Mio. € (ca.)
Tatsächlich waren es		33 Mio. € (ca.)

Nach der vereinfachten Rechnung über die Kapitalverdoppelung mit der 72er-Regel kommt man etwa zum gleichen Ergebnis. Bei einer Rendite von 9 % würde sich das Kapital etwa alle 8 Jahre verdoppeln (vgl. ◘ Tab. 5.1).

Der Vermögensverwalter bestätigte inhaltlich den Pressebericht und erzählte mir, dass ihm die Zusammenarbeit mit Frau Kassel viel Freude bereitet habe. Sie sei sehr umgänglich und freundlich gewesen und habe relativ bescheiden gelebt. Als Witwe einer der letzten Einzelbankiers Deutschlands kannte sie das Gesetz der Geldvermehrung und wusste, dass sich ihr Vermögen niemals verbrauchen würde, wenn sie ihre Entnahmen maßvoll gestaltete und bodenständig blieb. Das tat sie, und so konnte sie der Universität Frankfurt nach dem Tod ein großes Stiftungsvermögen vermachen.

Der Frau Kassel betreuende Wirtschaftsprüfer bestätigte mir in einem Telefonat, die Dame habe von dem Depot leben und vor allem auch ihre Steuern bezahlen müssen, im Wesentlichen Vermögenssteuern, die seit einigen Jahren weggefallen seien. Einkommenssteuern auf Kurszuwächse von Aktien seien nicht angefallen, weil diese jeweils länger als ein Jahr im Depot gehalten wurden und somit steuerfrei gewesen seien. (Die steuerliche Situation gestaltete sich damals anders als heute.)

Ich rechnete nun nach, wie sich das Vermögen von Gertrud Kassel entwickelt hätte, wenn sie die anfänglichen 2 Mio. € *anders* angelegt hätte. Als Referenz ziehe ich hier noch einmal den Templeton Growth Fund heran, weil dieser zu den ältesten und erfolgreichsten Fonds der Welt gehört.

Bei einer für eine Bankierswitwe bescheidenen Lebensweise habe ich großzügig gerechnet und eine monatliche Entnahme aus dem Depot von 6000 € (bzw. seinerzeit von etwa 12.000 DM) unterstellt. Dabei ging ich davon aus, dass sich diese Entnahme jährlich um 3 % erhöhte – in Anpassung an die Inflation bzw. die ständig steigenden Lebenshaltungskosten. Dies be-

5.2 · Ein Beispiel für die Entwicklung eines Aktienvermögens

deutet, dass Frau Kassel zuletzt monatlich ca. 15.000 € zur Verfügung hatte – ein vielleicht eher zu hoch angesetzter Betrag, wenn sie tatsächlich sparsam gelebt hat.

Dennoch wäre bei einer Anlage im Templeton Growth Fund ein Ergebnis herausgekommen, das fast unglaublich erscheint, wüsste man nicht um den progressiven Zinseszinseffekt bei einem Mehr an Rendite in der Spitze von gut 4 %.

Das Ergebnis hätte speziell für den Vergleichszeitraum vom 01.07.1975 bis 30.06.2007 **79 Mio. €** und die durchschnittliche Rendite 13,65 % jährlich betragen. Das wäre mehr als das Doppelte als die 33 Mio. € gewesen, die den Wert der Aktien zum Zeitpunkt des Todes der Bankierswitwe ausmachten. (Emissionskosten – also Gebühren, die beim Kauf von Wertpapieren anfallen und bei Fonds meist als „Ausgabeaufschlag" bezeichnet werden – sind hierbei *nicht* berücksichtigt, weil sie bei der Höhe der Anlage nicht angefallen wären.)

Rechnet man ab 2007 weiter bis 2023, so hätte sich dieses Vermögen theoretisch folgendermaßen weiterentwickelt, wobei wiederum weitere regelmäßige monatliche Entnahmen mit einer jährlichen Anpassung von 3 % nach oben zugrunde gelegt sind (◘ Tab. 5.2):

Wir sehen, dass es 2007 bis 2013 heftige Kurseinbrüche und rechnerische Verluste gegeben hätte, die vor allem auf die seit 2008 durchschlagende internationale Bankenkrise zurückzuführen sind. Von dieser Krise blieben weltweit kein Fonds und nur wenige Einzelaktien bzw. Unternehmen verschont. Gegen Ende 2013 hätte das Depot wieder den Wert von Mitte 2007 erreicht, und ab 2014 entwickelte es sich erneut aufwärts. Auch danach gab es zwischenzeitlich Rückschläge, so z. B. 2020 infolge der Corona-Krise und 2022 nach Beginn des Ukraine-Kriegs. Dennoch hätte sich das Vermögen bis Mitte 2023 insgesamt positiv weiterentwickelt und, verglichen mit 2007, um etwa 58 % zugelegt.

Worauf ich mit diesem Praxisbeispiel hinausmöchte, ist Folgendes:
- Die Rendite verschiedener Investmentfonds kann sehr unterschiedlich sein. Die seinerzeit von der Metzler Bank für die Bankierswitwe erzielte Rendite war schon außergewöhnlich gut, doch sie hätte sich tatsächlich noch übertreffen lassen.
- Vermeintlich kleine Unterschiede in der Rendite „schaukeln" sich aufgrund des Zinseszinseffektes langfristig zu gigantischen Unterschieden in der Vermögensgröße bzw. dem Depotwert „auf".
- Die Geldanlage in Aktienfonds ist *sicher*, selbst wenn es zwischendurch Kurseinbrüche gibt und das Vermögen vorübergehend rechnerisch kleiner wird. Von weltweiten politischen oder finanziellen Krisen bleiben auch Aktiendepots vorübergehend nicht verschont.

Tab. 5.2 Theoretische Weiterentwicklung des Depots der Bankierswitwe ab 2007 im Templeton Growth Fund

Stichtag	Depotwert (Vermögen) in EUR	Gründe für die Veränderung
30.06.2007	79,0 Mio.	(Ausgangssituation)
30.6.2008	54,4 Mio.	↓ Finanzkrise
30.06.2009	42,8 Mio.	↓ Finanzkrise
30.06.2010	53,9 Mio.	↑ Erholungsphase
30.06.2011	60,7 Mio.	↑ Erholungsphase
30.06.2012	63,2 Mio.	↑ Erholungsphase
30.06.2013	76,1 Mio.	↑ Erholungsphase
30.06.2014	91,6 Mio.	↑ Normale Weiterentwicklung
30.06.2015	105,7 Mio.	↑ Normale Weiterentwicklung
30.06.2016	94,8 Mio.	↓ Normale Schwankungen
30.06.2017	114,9 Mio.	↑ Normale Schwankungen
30.06.2018	116,9 Mio.	↑ Normale Schwankungen
30.06.2019	112,5 Mio.	↓ Normale Schwankungen
30.06.2020	105,6 Mio.	↓ Corona-Krise
30.06.2021	129,7 Mio.	↑ Erholungsphase
30.06.2022	122,9 Mio.	↓ Ukraine-Krieg
30.06.2023	137,6 Mio.	↑ Normale Weiterentwicklung

Endverbraucher bzw. Sparer sollten sich daher nicht der Illusion hingeben, die Entwicklung ihres angesparten Vermögens bliebe von großen weltweiten Krisen unberührt, nur weil sie ihr Geld „festverzinslich" anlegen. Der Preis, den gerade schlecht informierte Geldanleger dafür zahlen, ist Vermögensverlust oder -verzehr infolge von Inflation und Abgeltungssteuer bei Finanzprodukten, die lediglich Anlagen „zum Nulltarif" oder sogar „legaler Betrug" (▶ Abschn. 4.4) sind, weil sie nach Ende der Vertragslaufzeit nicht einmal den eingezahlten Betrag zurückerhalten.

5.2 · Ein Beispiel für die Entwicklung eines Aktienvermögens

Im Vergleich dazu ist das Geld in einem Aktienfonds – trotz börslicher Kursschwankungen und Einbrüchen, die auch einige Jahre anhalten können – allemal sicherer und besser angelegt als in den üblichen Bank- und Versicherungsprodukten, die unbedarften Sparern so gut wie immer angeboten werden. Unter dem Strich ist nicht nur die Rendite in einem guten Aktienfonds höher, sondern sind auch die Liquidierbarkeit und die Nachhaltigkeit größer, zudem ist eine gewisse Resistenz gegen Inflation und Steuer gegeben.

- **Langfristige Rendite ist wichtig für den Aufbau einer Altersvorsorge**
Die Investition in einen Aktienfonds ist sicher, wenn man sich an die Spielregeln hält. Je länger die Anlagedauer, umso sicherer wird die Anlage. Verluste treten bei guten, breit gestreuten Fonds immer nur *vorübergehend* auf und sind deshalb verkraftbar, denn alles, was wachsen soll, braucht Zeit und Geduld und hat auch zeitweise Rückschläge. Bei weniger volatilen Fonds – also solchen mit geringeren Schwankungsbreiten in der Entwicklung – geht der Vermögensaufbau meistens schneller.

Ziel ist es, die höchstmögliche Rendite zu erzielen, ohne dabei den Sicherheitsaspekt überzubetonen. Dazu sagt Hans Joachim Reinke, Vorstandsvorsitzender bei der Union Investment Gruppe: „Natürlich gibt es auf dem Aktienmarkt Schwankungen. Aber wenn wir über sehr lange Perioden sprechen – und bei der Altersvorsorge geht es um 20, 30 oder 40 Jahre – dann liegen die Renditen ganz klar im Plus. Wir sagen auch nicht, dass die Renditen bei Aktien künftig zwischen acht und zehn Prozent liegen werden, sie dürften eher zwischen sechs und acht Prozent liegen. Aber andere Anlageformen bringen deutlich weniger. Die Frage ist: Welche Alternativen habe ich und sollte ich auf solche Renditen verzichten? Daher kommen Anleger an Aktien nicht vorbei" (Stocker und Brandstetter 2009).

Wer langfristig und sicher sein Geld anlegen bzw. ein Vermögen ansparen will, sollte nicht der Gier verfallen und Wetten eingehen, wie es z. B. vor dem Platzen der Internetblase im Jahr 2000 oft der Fall war, und sich von Zertifikaten oder Derivaten („Fuselanleihen") fernhalten. Das sind hochspekulative Anlageformen, die sich bestenfalls für Profis im Finanzmarkt eignen, die bereits über ein größeres Vermögen verfügen und eventuell mit einem sehr kleinen Teil davon ein höheres Risiko eingehen können. Für den durchschnittlichen Sparer oder Anleger, der sich ein kleines Vermögen aufbauen und es gegebenenfalls als Zusatzrente im Alter verwenden möchte, eignen sich Zertifikate und Derivate nicht. Sie versprechen zwar hohe Renditen, haben aber auch ein so hohes Risiko, dass ein Teil- oder Totalverlust des angelegten Geldes möglich ist. – Nur wer langfristig in Sachwerte investiert, die zwar im Wert schwanken, aber infolge breiter Streuung und staatlichen Schutzes sicher sind, wird den Erfolg davontragen. Dies gilt insbesondere, wenn man in Raten anspart und damit gleichzeitig den Cost-Average-Effekt (vgl. ▶ Abschn. 6.3) nutzt.

5.3 Die besten Aktienfonds im Vergleich

- **Mindestzeiträume für die Bewertung und Auswahl von Fonds**

Als ich seinerzeit begann, mich mit den Inhalten des erwähnten Vortrags von Dr. Jung (vgl. ▶ Abschn. 3.1) zu beschäftigen, gab es in Deutschland etwa 4500 Investmentfonds. Inzwischen sind es etliche Tausend mehr, und selbstverständlich nicht nur hierzulande, sondern auf der ganzen Welt. Welche sind nun die besten, denn für Anleger sind eigentlich nur die Besten wirklich interessant, um ein Vermögen aufzubauen? Wie lassen sich in einem unübersichtlichen Markt unter der riesigen Menge der in aller Welt angebotenen Fonds nun die renditestärksten herausfiltern?

Es hat mich ca. eineinhalb Jahre Zeit gekostet, um herauszufinden, dass es unter allen Aktienfonds nur einige wenige gibt, die wirklich „Spitze" sind und eine weit überdurchschnittliche „Performance" bzw. Rendite aufweisen. Bereits eine gute Handvoll von ihnen würde ausreichen, um den meisten Menschen längerfristig etwas Besseres zu bescheren als das, was ihnen Banken und Versicherungen mit ihren üblichen Produkten zum „Armsparen" in der Regel anbieten.

Der Mindestzeitraum, um die Qualität eines Fonds zu beurteilen, beträgt 15 Jahre, besser noch mehr. Ein Fonds sollte durch Höhen und Tiefen gegangen sein, bevor man Stabilität und Kontinuität ermessen kann. Die Entwicklung über einen längeren Zeitraum ist transparent, weil die Ergebnisse sich in rollierenden Zeiträumen über 5, 10, 20 oder mehr Jahre darstellen lassen. Damit bekommt der Anleger eine Vorstellung bzw. ein Gefühl dafür, wie sich eine Aktienfondsanlage in gleichbleibenden Perioden über lange Zeiträume entwickelt. Alle kürzeren Zeiträume können täuschen.

In der von mir erstellten ◘ Tab. 5.3 sind 30 internationale Top-Aktienfonds mit herausragender Rendite aufgeführt, wobei die Renditebetrachtung auf 30 Jahre angelegt ist.

5.3 · Die besten Aktienfonds im Vergleich

◘ **Tab. 5.3** 30 internationale Top-Aktienfonds – Wertentwicklung innerhalb von 30 Jahren (Stichtag: 31.12.2023)

Rang Nr.	Fonds	Volumen	10 Jahre p.a.	15 Jahre p.a.	20 Jahre p.a.	30 Jahre p.a.
1	DWS Vermögensbildungsfonds I LD	12,50 Mrd. €	10,53 %	10,05 %	7,44 %	8,90 %
2	UniGlobal	26,80 Mrd. €	10,92 %	12,28 %	9,07 %	8,48 %
3	Carmignac Investissement A € acc	3,18 Mrd. €	5,63 %	8,06 %	7,82 %	8,30 %
4	BGF Global Long-Horizon Equity A2 $	1,19 Mrd. €	9,88 %	11,46 %	8,43 %	7,94 %
5	AB Sustainable Global Thematic AXX $	1,16 Mrd. €	11,03 %	11,31 %	6,40 %	7,91 %
6	DWS ESG Akkumula LC	7,38 Mrd. €	10,53 %	10,19 %	7,97 %	7,90 %
7	Pictet Family P €	165,99 Mio. €	4,84 %	9,74 %	7,74 %	7,61 %
8	AB Sustainable Global Thematic BXX $	1,16 Mrd. €	11,03 %	11,31 %	6,21 %	7,43 %
9	UBS (D) E.F. Global Opportunity	183,31 Mio. €	8,61 %	10,76 %	6,56 %	7,26 %
10	M&G (Lux) Glo Sust Paris Aligned € A Acc	316,45 Mio. €	9,66 %	11,05 %	9,14 %	7,25 %
11	JPM IF Glo Select Equity A acc $	3,47 Mrd. €	11,41 %	12,74 %	8,69 %	7,09 %
12	Allianz Interglobal A €	2,16 Mrd. €	10,72 %	11,79 %	8,09 %	6,93 %
13	DekaSpezial CF	661,95 Mio. €	9,76 %	11,24 %	7,13 %	6,84 %
14	Templeton Growth Inc. $	7,12 Mrd. €	5,51 %	9,02 %	5,56 %	6,68 %

(Fortsetzung)

◘ Tab. 5.3 (Fortsetzung)

Rang Nr.	Fonds	Volumen	10 Jahre p.a.	15 Jahre p.a.	20 Jahre p.a.	30 Jahre p.a.
15	FMM-Fonds	481,40 Mio. €	4,47 %	5,59 %	6,52 %	6,54 %
16	Capital Grp Global Equity B $	865,86 Mio. €	8,81 %	10,56 %	5,80 %	6,38 %
17	Capital Grp Global Equity B €	865,86 Mio. €	8,82 %	10,50 %	5,85 %	6,35 %
18	Fidelity Global Thematic Opp A $	1,50 Mrd. €	7,12 %	9,73 %	6,40 %	5,94 %
19	Fidelity Global Thematic Opp A €	1,52 Mrd. €	7,05 %	9,59 %	6,42 %	5,93 %
20	DWS Merkur-Fonds 1	36,38 Mio. €	6,84 %	8,85 %	6,21 %	5,83 %
21	NORIS-FONDS		8,23 %	9,86 %	6,74 %	5,65 %
22	Templeton Glo Climate Change A Ydis €		7,07 %	9,11 %	5,98 %	5,62 %
23	morgen Aktien Global UI	7,61 Mio. €	2,14 %	3,97 %	3,32 %	5,55 %
24	AXA Welt	43,64 Mio. €	8,80 %	10,27 %	6,37 %	5,32 %
25	Fondis A €	176,46 Mio. €	9,66%	11,39%	6,20%	5,20%
26	Metzler Global Growth Sust	695,09 Mio. €	9,76 %	10,86 %	6,64 %	4,96 %
27	Templeton Global Fund A Ydis $		3,55 %	7,24 %	4,59 %	4,70 %
28	InterStock T	201,55 Mio. €	8,08 %	9,89 %	5,65 %	4,41 %
29	AXA WF II Evolving Trends Eq A Dis $	12,69 Mio. €	8,59 %	9,57 %	5,84 %	4,32 %
30	InterStock A	201,55 Mio. €	7,60 %	9,56 %	5,42 %	4,22 %

Berechnung mit dem Softwareprogramm FINANZEN FundAnalyzer (FVBS)

5.3 · Die besten Aktienfonds im Vergleich

Warum ist ein längerfristiger Zeitraum für die Auswahl eines guten Fonds wichtig? Auf- und absteigende Börsenphasen lösen sich stets ab, wobei aufsteigende Phasen überwiegen, sonst kämen per Saldo keine positiven Renditen dabei heraus. Wird z. B. ein Fonds in einer Phase des Börsenabschwungs aufgelegt bzw. „gegründet" und erleidet in den ersten beiden Jahren sogleich einen Verlust von z. B. jeweils 20 %, in den darauffolgenden 3 Jahren aber einen Gewinn von jeweils 20 %, dann beträgt die Durchschnittsrendite nach 5 Jahren nur magere 2,03 %, wie die Berechnung in ◘ Tab. 5.4 zeigt:

Würde der Fonds im obigen Beispiel aber Anfang des 3. Jahres in einer Phase des Börsenaufschwungs aufgelegt, so hätte er bereits eine durchschnittliche Rendite von 20 % p.a. erzielt. Damit ist gezeigt, dass eine kurzfristige Betrachtung über wenige Jahre leicht zu Irrtümern über die Qualität eines Fonds führen kann, während eine mittel- bis langfristige Betrachtung verlässlichere Ergebnisse liefert. Grundsätzlich sind daher auch Fonds desto vertrauenswürdiger, je länger sie existieren. Bei noch jungen aktiven Fonds lässt sich die Entwicklung schwer abschätzen.

◘ **Tab. 5.4** Entwicklung der langfristigen Rendite in einem Aktienfonds (Rechenbeispiel)

Jahr	Entwicklung der Rendite	Vermögen
Jahr 1	Anfangsinvestition	100,00 €
	Jahresende: − 20 % (− 20 €)	80,00 €
Jahr 2	Jahresende: − 20 % (− 16 €)	64,00 €
Jahr 3	Jahresende: + 20 % (+ 12,80 €)	76,80 €
Jahr 4	Jahresende: + 20 % (+ 15,36 €)	92,16 €
Jahr 5	Jahresende: + 20 % (+ 18,43 €)	110,59 €
Durchschnittliche finanzmathematische Rendite in 5 Jahren pro Jahr: **2,03 %**		
Jahr 6	Jahresende: + 20 % (+ 22,12 €)	132,71 €
Jahr 7	Jahresende: + 20 % (+ 26,54 €)	159,25 €
Durchschnittliche finanzmathematische Rendite in 7 Jahren: **6,87 %**		

> Die langfristige Betrachtung über 15 Jahre, besser noch 25 bis 30 Jahre, ist erforderlich, um die „Schlagkraft der Anlagestrategie" eines Investmentfonds richtig zu beurteilen, wie es der Investmentmanager James P. O'Shaughnessy ausdrückt. Die *Anlagestrategie* der jeweiligen Fondsgesellschaft entscheidet darüber, unter welchen Kriterien die Aktien ausgewählt werden, in die der Fonds investiert.

Fondsmanager legen bei ihren Anlagestrategien meist ebenfalls längere Zeiträume bei der Auswahl der einzelnen Aktien zugrunde, um vielversprechende Unternehmen ausfindig zu machen, die sich in der Vergangenheit bereits bewährt haben.

■ **Vorstellung einiger Fonds**

Wer in einen oder mehrere der besten aktiven Fonds investiert, die in ◘ Tab. 5.3 aufgeführt sind, macht im Grunde nichts falsch, auch wenn die Liste der Top-Aktienfonds (erstellt mit Stichtag 31.10.2023) sich jederzeit wieder ändern kann. Ich habe eine solche Tabelle bereits vor 16 Jahren (mit Stichtag 31.12.2007) erstellt, und etliche der in ◘ Tab. 5.3 genannten Fonds gehörten schon damals zu den Spitzenfonds, wenn sich auch die Rang-Nummern immer wieder verändern. Bereits im Jahre 2007 waren z. B. der DWS Vermögensfonds I LD, DWS Merkur-Fonds 1, Carmignac Investissement, UniGlobal, Templeton Growth Fund, DekaSpezial und FMM-Fonds unter den Top-Performern der aktiv gemanagten Fonds zu finden. Betrachten wir nachfolgend diese Fonds im Detail.

Viele Fondsgesellschaften bieten heute keine eigene Depotverwahrung mehr an, doch alle vorgestellten und viele weitere Fonds können über diverse Online-Plattformen gezeichnet werden. Dabei ist es sowohl möglich, einen Sparplan aufzustellen als auch einmalig eine größere Summe in einen Fonds einzuzahlen. Bei Fonds, die keine Thesaurierung vorsehen, ist es möglich, über die Plattformen automatisch eine Wiederanlage der Gewinne, reduziert um die Abgeltungssteuer, festzulegen.

> Das Alter eines Fonds ist entscheidend für die Einschätzung seiner Qualität. Eine erfolgreiche, überdurchschnittliche Wertentwicklung über Jahrzehnte spricht für sich. Überaus erfolgreiche Fonds erreichen eine Performance, die auch höher als die für Aktienfonds typischen 7 % liegen kann.

Der DWS Vermögensbildungsfonds

Der DWS Vermögensbildungsfonds I LD (Wertpapier-Kennnummer = WKN 847652), aufgelegt am 01.12.1970, steht auf Platz 1 und gehört damit von der Rendite her zu den 30 besten Aktienfonds. Der von DWS verwaltete Merkur-Fonds 1 sowie einige andere DWS-Fonds sind ebenfalls in ◙ Tab. 5.3 vertreten. Schon seit 30 Jahren rangiert der DWS Vermögensbildungsfonds I LD auf den Spitzenplätzen der internationalen Fonds. Als Vergleichsmaßstab bzw. Benchmark zieht der Fonds den Index MSCI World TR Net heran. Investiert wird rund um den Globus in große Unternehmen verschiedener Gewerbezweige sowie in mittelgroße und kleine Unternehmen, die auf längere Sicht gute Erträge erwarten lassen. In diesen Fonds können Anleger mit einer einmaligen Geldanlage oder auch mit einem Sparplan einsteigen. Der Fonds lässt keine Thesaurierung zu, sondern gehört zu den ausschüttenden, das heißt, den Anlegern werden regelmäßig die Gewinne ausbezahlt.

Carmignac Investissement

Der französische Carmignac Investissement A Fonds (WKN A0DP5W) ist ein thesaurierender Fonds, der bereits am 26.01.1989 aufgelegt wurde und damit schon eine über 30-jährige Historie aufweist. Er investiert ständig mindestens 60 % in Aktien internationaler Unternehmen, und zwar ohne Beschränkung auf eine bestimmte Branche oder geografische Region. Damit schließt er auch sog. Schwellenländer ein, also Länder der „zweiten Welt", die sich im Prozess der Industrialisierung befinden und keine Entwicklungsländer mehr sind. Anleger können sowohl eine Einmalanlage im Fonds tätigen als auch einen Sparplan anlegen. Die Thesaurierung ist besonders günstig für Anleger, die langfristig vom Zinseszinseffekt profitieren wollen, anstatt sich ihre Gewinne auszahlen zu lassen.

> **Tipp**
>
> Auf der Website ▶ https://www.fondsweb.com/de finden Sie einen Fondsrechner, mit dem Sie simulieren können, wie sich eine Anlage in jedem beliebig gewählten Fonds historisch über einen beliebigen Zeitraum entwickelt hätte.

Der UniGlobal Fonds

Der UniGlobal Fonds (WKN 849105), in ◘ Tab. 5.3 derzeit auf Platz 2, ist ein am 02.01.1960 aufgelegter und weltweit anlegender Aktienfonds mit Schwerpunkt auf sog. Standardtiteln. Damit sind im Aktienhandel und in der Börsensprache Aktien von Großunternehmen gemeint, die aufgrund ihres Handelsvolumens oder ihrer Marktkapitalisierung zu den bevorzugten Handelsobjekten gehören. Standardwerte zeichnen sich durch hohe Bonität, Ertragskraft und Substanzwerte aus. Der UniGlobal investiert derzeit zu über 60 % in den USA, zu jeweils 4 bis 5 % in Japan, Irland, Deutschland, Frankreich und unter 4 % in den Niederlanden, Großbritannien, Spanien, Schweiz und Hongkong. 93 % der Anlagen sind aktienorientiert und nur 1,96 % rentenorientiert. Es ist eine Vielzahl von Branchen vertreten, darunter IT, Finanz- und Gesundheitswesen, Telekommunikation, Rohstoffe, Energie und Immobilien. Mit einem Sparplan ab einer Rate von 25 € monatlich kann man in diesen Fonds investieren.

> Zu jedem zugelassenen und mit Wertpapierkennnummer versehenen Fonds kann man bei der jeweiligen Fondsgesellschaft detaillierte Informationen einholen bzw. herunterladen. Die Informationen für den UniGlobal finden sich unter: ► https://www.union-investment.de/uniglobal-DE0008491051-fonds-849105/?portrait=5.

Der Templeton Growth Fund

Der Templeton Growth Fund Inc., der in diesem Buch mehrfach als Referenz und Vergleichsmaßstab herangezogen wurde, ist einer der wenigen global anlegenden und aktiv gemanagten Aktienfonds, der eine sehr lange Historie aufzuweisen hat, weil er bereits am 30.11.1954 aufgelegt wurde. Er ist fast schon eine Legende, denn er gehört seit Jahrzehnten zur Spitzengruppe der weltweit besten Aktienfonds, und zwar nicht nur nach der von mir erstellten Tabelle, sondern ebenso in den Dauertests von Stiftung Warentest. Der Gründer des Fonds, Sir John Templeton (1912–2008), legte Wert auf Nachhaltigkeit und Kontinuität und war 33 Jahre lang selbst verantwortlich für das Fondsmanagement. Stiftung Warentest resümiert nach seinen Dauertests: „Dem Templeton Growth Fund kann anscheinend nichts und niemand etwas anhaben. Gleich welcher Manager, gleich welche Marktphase, der 1954 gegründete Aktienfonds ist stabil gut" (Test 2006).

5.3 · Die besten Aktienfonds im Vergleich

Tab. 5.5 Rendite des Templeton Growth Fund (Dollar) in rollierenden 13-Jahres-Zeiträumen von 1955 bis 2023

Zeiträume	Wertentwicklung jährlich
Bester Zeitraum (01/75–12/84)	18,36 %
Schlechtester Zeitraum (01/00–12/12)	2,36 %
Durchschnittliche Entwicklung seit 01/55	10,52 %

Ich habe softwaretechnisch die Entwicklung des Templeton Growth Inc. in rollierenden 13-Jahres-Zeiträumen vom 01.01.1955 bis zum 31.10.2023 auf jährlicher Berechnungsbasis durchgespielt. Zeitweise erreichte dieser Fonds überdurchschnittliche Renditen von über 12 % pro Jahr (Tab. 5.5).

Der Erfolg des Fonds beruht auf einer von Anfang an unveränderten Anlagestrategie, die bei Betrachtung mit gesundem Menschenverstand auch in Zukunft funktionieren wird. Mit seiner Methode des Value Investings (vgl. ▶ Abschn. 6.1) geht das Fondsmanagement antizyklisch vor, investiert also häufig im Börsenabschwung in vielversprechende Unternehmen, wenn die Aktien günstig zu erwerben waren. Die Strategie beruht im Wesentlichen auf drei Säulen, die allgemein für die meisten Fonds gültig sind, von Templeton aber mit bemerkenswerter Konsequenz eingehalten werden:

1. Es wird in erster Linie in unterbewertete Aktien mit großem Wachstumspotenzial investiert.
2. Eigene Analysten suchen weltweit nach günstigen Kaufgelegenheiten. Diese Streuung bietet große Chancen und reduziert das Risiko.
3. Eine Aktie wird im Schnitt 5 Jahre gehalten, weil unterbewertete Aktien ihr volles Potenzial erst allmählich entwickeln.

Der Fonds zeichnete sich in der Vergangenheit durch eine geringe Schwankungsbreite aus, was dafür spricht, dass das Management „mit ruhiger Hand" vorgeht und nicht einfach auf irgendeinen Hype aufspringt, der zurzeit gerade erfolgversprechend aussieht, es aber möglicherweise doch nicht ist.

Leider wurde der ursprüngliche Templeton Growth Fund, Inc. im Jahr 2014 in Deutschland vom Markt genommen, weil er gewissen europäischen Vorgaben nicht mehr entsprach. Fondsmanagement und Fondsgesellschaft müssten nach EU-Richtlinien unter einer gemeinsamen Aufsicht stehen, doch das Fondsmanagement war auf den Bahamas ansässig, während für die Kontrolle des Fonds die US-Aufsicht zuständig war. Da eine Anpassung an die EU-Vorgaben nur unter erheblichem Aufwand möglich gewesen wäre, beschloss Franklin Templeton Investments, den Fonds in Deutschland deregistrieren zu lassen (vgl. Fondsdiscount 2014).

Doch legte die Fondsgesellschaft inzwischen mehrere neue Fonds auf, die auch in Deutschland gezeichnet werden können, darunter den Templeton Growth (Euro) Fund A (WKN 941034), der die erfolgreiche Anlagestrategie des seit 1954 bestehenden Templeton Growth Fund, Inc. fortführt.

DekaSpezial CF

Der DekaSpezial CF (WKN 847466), aufgelegt am 24.07.1978, verfolgt die Strategie, überwiegend in weltweite Aktien von Unternehmen zu investieren, die sich durch attraktive Bewertungen, solide Fundamentaldaten, eine hohe Managementqualität und eine gute Wettbewerbspositionierung auszeichnen. Auch dieser Fonds wird aktiv gemanagt.

> **Tipp**
>
> Auf der Seite der Fondsgesellschaft Deka Investment findet sich ein Wertentwicklungsrechner, mit Hilfe dessen Sie die historische Entwicklung einer Geldanlage in diesem Fonds simulieren können (▶ https://www.deka.de/privatkunden/wertentwicklungsrechner?_eventId=indexWithIsin&isin=DE0008474669).

Hätten Sie beispielsweise bei Gründung des Fonds im Jahre 1978 lediglich einmalig 5000 DM (2500 €) angelegt, ohne weiter anzusparen, so wären in 45 Jahren bis zum Dezember 2023 daraus 35.000 € geworden. Sie hätten also Ihr eingesetztes Kapital in diesem Zeitraum mehr als dreimal verdoppelt. Das entspricht einem Wertzuwachs von mehr als 1300 % oder einer durchschnittlichen Rendite pro Jahr von 6 %.

Der FMM-Fonds

Der FMM-Fonds (WKN 847811) wurde am 17.08.1987 als erster unabhängiger Vermögensverwaltungs-Fonds in Deutschland aufgelegt. Das heißt, es handelte sich um den ersten bankenunabhängigen Investmentfonds in Deutschland.

Das Kürzel „FMM" steht für „fundamentale, monetäre und markttechnische Analyse". Es handelt sich um einen thesaurierenden Fonds, der in Aktien und Unternehmensanleihen investiert. Der Fonds orientiert sich am MSCI World Cross EUR Index als Vergleichsmaßstab. Der Fonds konnte in 29 von 35 Jahren ein positives Ergebnis erzielen, während der MSCI World schlechter abschnitt (vgl. Kränicke 2022).

Fondak A

Ein herausragender Fonds, der nicht in ◘ Tab. 5.3 aufgeführt ist, ist der Fondak A (WKN 847101), der am 30.10.1950 aufgelegt wurde und somit schon über 70 Jahre alt ist. „Fondak" steht für „Fonds für deutsche Aktien". Er ist Deutschlands ältester Aktienfonds. Der Grund dafür, dass er in der Tabelle nicht erscheint, ist einfach: Der Fondak investiert nicht international wie die übrigen Fonds, sondern ist auf den *deutschen* Aktienmarkt fokussiert. Zu den Hauptwerten gehören deutsche DAX-Konzerne, zu den Nebenwerten mittelgroße und kleinere Unternehmen. Die Fondsgesellschaft Allianz Global Investors drückt es so aus: Der Fondak profitiert flächendeckend vom Wirtschaftsstandort Deutschland, und zwar über alle Branchen hinweg. Er bildet gewissermaßen die gesamte deutsche Wirtschaft in einem einzigen Fonds ab. Mittlerweile misst sich der Fonds nur noch zu 60 % mit dem DAX (den 40 größten deutschen Unternehmen), außerdem zu 30 % mit dem M-DAX (den 50 größten Unternehmen, die auf die 40 DAX-Unternehmen folgen) und zu 10 % mit dem Tec-DAX (den 30 größten Technologiewerten). Zu den Auswahlkriterien der Unternehmen, in deren Aktien investiert wird, gehören: konsistente Wertsteigerung, z. B. durch ein überlegenes Geschäftsmodell, führende Marktstellung in der Branche, gutes Management und stabile Dividendenpolitik.

◘ Tab. 5.6 gibt eine Übersicht über die Renditenentwicklung im Fondak A und ◘ Abb. 5.2 zeigt, wie sich eine Einmalanlage seit der Auflegung des Fonds entwickelt hätte.

◘ Abb. 5.2 demonstriert in Verbindung mit ◘ Tab. 5.7, dass aus einer Einmalanlage von 1000 € (bzw. 2000 DM) innerhalb von 73 Jahren sage und schreibe 904.268 € geworden wären. Wüsste man nicht um die ungeheure Wirkung des Zinseszinses, so könnte man es kaum glauben! Aus der vergleichsweise kleinen einmaligen Anlagesumme wäre – selbst ohne weitere regelmäßige Sparraten – innerhalb von 3 Generationen *ganz von selbst* ein beachtliches Vermögen geworden. Doch schon nach 50 Jahren bzw. 2 Generationen wären aus den angelegten 1000 € etwa 300.000 € geworden.

● **Tab. 5.6** Rendite-Entwicklung im Fondak A über verschiedene Zeiträume (Stichtag: 31.10.2023)

Zeitraum	Rendite
Seit 30 Jahren	6,78 %
Seit 20 Jahren	6,20 %
Seit 15 Jahren	7,55 %
Seit 10 Jahren	4,18 %
Seit 5 Jahren	5,28 %

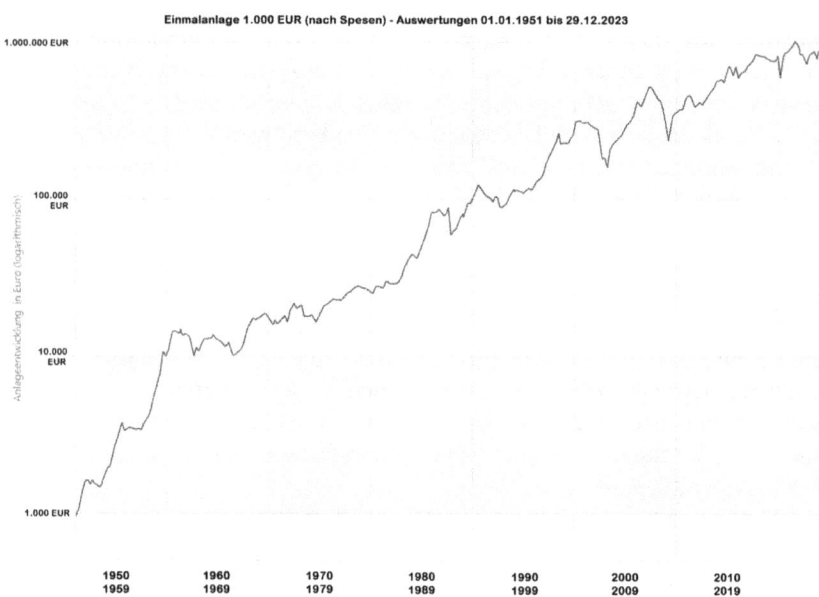

● **Abb. 5.2** Entwicklung einer Geldanlage von 1000 € im Fondak A seit 1950

◘ **Tab. 5.7** Ergebnisse der Auswertung des Fondak A (entsprechend Abb. 5.2)

Emissions-gebühren	Depotwert in EUR	in %	Wertzuwachs in EUR	in %	Wertent-wicklung p.a. in %	Volatilität in %
5 %	904.268	90.427	903.268	90.327	9,78	17,52

- **Fonds zeichnen**

Sie haben nun 7 herausragende aktiv gemanagte Aktienfonds kennengelernt. Es würde den Rahmen dieses Buches sprengen, hier noch weitere Fonds im Einzelnen vorzustellen, doch Sie haben einen Eindruck gewonnen, wie positiv sich die Geldanlage in guten aktiven Fonds langfristig entwickelt. Und Sie haben gesehen, dass Aktienfonds „sicher" sind, auch wenn es immer wieder Kursschwankungen gibt, die einfach zum Auf und Ab des Wirtschaftslebens gehören. Im Vergleich dazu schneiden die in ▶ Kap. 4 vorgestellten sog. „Geldanlagen", die Sparern zur Vermögensbildung oder zur Altersvorsorge immer wieder empfohlen werden, geradezu *kümmerlich* ab. Ich möchte das Ergebnis mit Dr. Klaus Jungs Worten resümieren: **„Aktienfonds – es gibt längerfristig nichts Besseres."** (vgl. ▶ Abschn. 3.1).

Sie finden Informationen über die vorgestellten wie auch weitere Fonds heutzutage mühelos im Internet. Die Erfolgsbilanz können Sie unkompliziert anhand der für jeden Fonds bereitgestellten Informationen prüfen. Die Fondsgesellschaften sind gesetzlich verpflichtet, regelmäßig Informationen für Anleger zu veröffentlichen.

Die Fonds können ebenfalls im Internet gezeichnet werden, zum Teil direkt bei den jeweiligen Fondsgesellschaften, zum Teil auch auf speziellen Online-Plattformen, auf denen eine Vielzahl von Fonds angeboten werden. Etliche Online-Plattformen bieten für aktive Fonds sogar einen Verzicht auf den Ausgabeaufschlag an.

Aufgrund der hohen Quellen- bzw. Abgeltungssteuer ist es sinnvoll, *von Anfang an* einen optimalen Fonds mit höchstmöglicher Rendite auszuwählen, weil Umschichtungen sich negativ auf Ihr langfristiges Anlageziel auswirken können. Mit jedem Fondswechsel gehen rund 28 % des bereits angesparten Vermögens verloren und fehlen auch langfristig für den weiteren Vermögensaufbau. Für weitere Unterstützung bei der Auswahl eines geeigneten Fonds empfehle ich Ihnen einen unabhängigen Finanz- oder Vermögensberater, wie in ▶ Abschn. 2.3 ausgeführt.

5.4 Dachfonds – Beteiligungen an „Tausendfüßlern"

Dachfonds gibt es in Deutschland seit 1998. Sie beteiligen sich nicht direkt an Unternehmen, sondern investieren in andere Investmentfonds. Der Vorteil liegt darin, dass Sie sich als Anleger keine Gedanken mehr machen müssen, wann und ob Sie von einem in den anderen Fonds umschichten, denn dies wird von Profis, nämlich von den Managern der Dachfonds, vorgenommen. Es handelt sich um eine Vermögensverwaltung mit Fonds aus einer Hand.

Ein weiterer Vorteil besteht darin, dass der Fondsmanager beliebig umschichten kann, ohne dass etwaige realisierte Gewinne von Ihnen versteuert werden müssen. Bei gewöhnlichen Vermögensverwaltungen, wie z. B. denjenigen von Banken, unterliegen alle durch Umschichtungen entstehenden Gewinne hingegen sofort der Abgeltungssteuer. Der größte Vorteil liegt aber besonders für einen sicherheitsbewussten, konservativen Anleger darin, dass eine noch viel breitere (Risiko-)Streuung stattfindet als bei einem Investment in nur einen einzelnen Fonds.

Wenn ein normaler Fonds an durchschnittlich 100 bis 150 Unternehmen beteiligt ist, so ist ein Dachfonds wiederum in 10 bis 15 verschiedene Einzelfonds investiert – mit anderen Worten: Als Anleger beteiligen Sie sich in einem Dachfonds sozusagen an einem „Tausendfüßler". Wenn 10 Beine ausfallen, laufen immer noch 990 Füße weiter. Je breiter die Streuung, umso sicherer wird Ihr Investment (vgl. ▶ Abschn. 3.3). Mit einem international anlegenden Aktien-Dachfonds versammeln Sie gleichermaßen „das ganze Universum unter einem Dach".

Weiter genießen Sie bei der Anlage in einem Dachfonds den gleichen steuerlichen Vorteil wie bei einem Einzelfonds, nämlich eine anteilige Steuerstundung bis zu dem Tag, an dem Sie über Ihre Kapitalanlage ganz oder teilweise verfügen. Außerdem stellen Dachfondsanteile ebenfalls Sondervermögen dar, das – wie bei Einzelfonds auch – staatlich geschützt ist.

> Achten Sie darauf, ob der Dachfonds nur in Fonds einer bestimmten Fondsgesellschaft, also in „hauseigene" Einzelfonds investiert oder ob auch in „Fremdfonds" anderer Fondsgesellschaften investiert wird. Nach einer Studie von Fidelity Investments erzielen Dachfonds, die mehr als 50 % ihres Portfolios in Fremdfonds investieren, eine deutliche bessere Performance. Vorteilhaft ist es somit, wenn Dachfonds unabhängig sind und völlig frei agieren können.

5.4 · Dachfonds – Beteiligungen an „Tausendfüßlern"

Ein stets kritisierter Punkt sind die doppelt anfallenden Verwaltungs- und Managementkosten. Einmal fallen diese auf der Ebene des Dachfonds an, zusätzlich in den Einzelfonds, in die der Dachfonds investiert. Der Vorteil ist, dass man im Gegenzug eine professionell verwaltete Zusammensetzung verschiedener Fonds erhält, die laufend den sich ändernden Gegebenheiten angepasst wird.

> **Zusammenfassung**
>
> Für jede Kapitalanlage ist das „Sechseck" aus Sicherheit, Rendite, Liquidierbarkeit, Inflation, Steuer und Nachhaltigkeit entscheidend. Gute Kapitalanlagen werden allen 6 Kriterien gerecht.
>
> Um die Qualität von aktiv gemanagten Aktienfonds, ihre Wertentwicklung und Stabilität, zu überprüfen, ist es wichtig, die Entwicklung von Zeiträumen zwischen 10 bis 30 Jahren zu betrachten. Auf diese Weise werden Irrtümer und Fehlschlüsse vermieden, die sich aus kurzfristigen Kursschwankungen ergeben können. Kurseinbrüche kommen immer wieder vor und können durchaus mehrere Jahre anhalten. Doch danach erholen sich die Kurse wieder, manchmal umso stärker.
>
> Viele erfolgreiche Fonds – wie z. B. der Templeton Growth Fund A, der Fondak A, der Carmignac Investissiment, der DekaSpezial CF oder der DWS Vermögensbildungsfonds – existieren bereits seit 40 Jahren oder noch länger. Sie erlauben damit eine solide Einschätzung der langfristigen Performance.
>
> Investitionen in Dachfonds vermindern das Risiko gegenüber Investitionen in Einzelfonds. Durch die stärkere Risikostreuung kann jedoch die Rendite geringer ausfallen.
>
> Selbst eine relativ kleine Einmalanlage führt in einem überdurchschnittlich erfolgreichen Fonds aufgrund des exponentiell wirkenden Zinseszinseffektes innerhalb von 2 bis 3 Generationen bereits zu mehreren Verdoppelungen und zum Anwachsen eines beachtlichen Vermögens.

Vermögensaufbau durch clevere Anlagestrategien

Inhaltsverzeichnis

6.1 Value Investing – günstige Zeitpunkte nutzen – 132

6.2 Der Leverage-Effekt – durch Hebelung den Vermögensaufbau beschleunigen – 136

6.3 Mit dem Cost-Average-Effekt die Rendite steigern – 140

6.4 Das Core-Satellite-Prinzip – Vermögensaufteilung mit kalkulierbarem Risiko – 142

6.5 Entwicklung eines Aktiendepots bei regelmäßigen Entnahmen – 143

„Wer die Aktien nicht hat, wenn sie fallen, der hat sie auch nicht, wenn sie steigen." (André Kostolany)

© Der/die Autor(en), exklusiv lizenziert an Springer Fachmedien Wiesbaden GmbH, ein Teil von Springer Nature 2024
W. Stubenrauch, *Sicher anlegen statt sparen*,
https://doi.org/10.1007/978-3-658-43493-9_6

Wenn Sie ein Vermögen aufbauen möchten, geschieht dies normalerweise über monatliche oder jährliche Ansparraten, sofern Sie keine größere Geldsumme einmalig anlegen wollen oder können. **Grundsätzlich sind regelmäßige Sparraten das A und O, um langfristig ein Vermögen aufzubauen bzw. sich eine zusätzliche private Rente zu sichern.** Zusätzlich gibt es eine Reihe von Effekten, die Sie ähnlich wie den Zinseszinseffekt nutzen können, um den Vermögensaufbau zu vereinfachen und zu beschleunigen, ohne dabei die Sparraten erhöhen zu müssen. In diesem Kapitel lernen Sie einige Stategien kennen, die Profi-Anleger regelmäßig nutzen.

6.1 Value Investing – günstige Zeitpunkte nutzen

- **Der beste Zeitpunkt für den Einstieg**

Immer wieder fragen sich gerade wenig erfahrene Anleger, wann der günstigste Zeitpunkt zum Anlegen von Geld ist. Soll man eine günstige Gelegenheit abwarten, z. B. steigende oder fallende Börsenkurse? Generell möchte ich sagen: Wer seinem Geld genügend Zeit gibt, für den ist jeder Zeitpunkt für den Einstieg richtig! Sie sollten daher gerade am Anfang, wenn Sie für den Vermögensaufbau bisher wenig oder nichts getan haben, *schnellstens* einsteigen.

Wenn Sie schon ein gewisses Vermögen besitzen, kann es vorteilhaft sein, bei einem Kurstief der Börse in einen Aktienfonds einzusteigen, denn dann haben Sie bessere Chancen, eine höhere Rendite zu erzielen, als wenn Sie in einem Kurshoch einsteigen und vergleichsweise viel für die Aktien bezahlen.

Wichtig ist, dass man Beteiligungen nicht zu teuer erwirbt, denn im Einkauf liegt der Segen, wie jeder Kaufmann weiß. Wer Aktien z. B. mit einem Abschlag von 50 % einkauft, weil ein Unternehmen sich gerade in einer strukturellen Schwächephase befindet, im Übrigen aber hervorragend aufgestellt ist, hat in einem anschließend steigenden Markt die Chance, bereits 100 % zu verdienen, auch wenn der Kurs der betreffenden Aktie sich nur normalisiert bzw. den Wert vor Beginn des Kurseinbruchs wieder erreicht (◘ Tab. 6.1).

Man nennt diese Methode **Value Investing**, d. h., eine Beteiligung wird nur erworben, wenn der Preis niedriger ist als der Wert des die Aktie verkörpernden Unternehmens. Der Value-Investor macht unterbewertete Aktien ausfindig und wartet darauf, dass der Markt diese Unterbewertung erkennt – als Folge steigt dann der Aktienkurs. Value Investing ist auch die Strategie, die viele Fondsgesellschaften beim Erwerb von Aktien fahren.

6.1 · Value Investing – günstige Zeitpunkte nutzen

Tab. 6.1 Erwerb einer Aktie in einer Phase des Kurseinbruchs um 50 %

Theoretisches Beispiel	EUR
Wert der Aktie vor Kurseinbruch	100
Verlust wegen vorübergehender struktureller Schwäche (50 %), der Investor steigt ein	50
Das Unternehmen erholt sich aufgrund von Strukturierungsmaßnahmen nach 3 Jahren, der Kurs erreicht seine ursprüngliche Höhe	100
Die *Wertaufholung* beträgt absolut 50 €, für den Investor jedoch 100 %	50

- **Weitere außergewöhnliche Einstiegschancen**

Generell ist ein Börsencrash immer ein guter Zeitpunkt zum Investieren. Man sollte bei stark fallenden Kursen als Anleger nicht in Panik geraten und annehmen, Aktien taugten nichts, nur weil (vorübergehend) Verluste gemacht werden (vgl. ▶ Abschn. 3.3). Die Kehrseite der Medaille ist die, dass ein Crash ein exzellenter Einstiegszeitpunkt ist, denn die Unternehmen gehen nicht unter, auch wenn vorübergehend keine Gewinne gemacht werden.

Das Problem für den Anleger ist zu erkennen, wann der Crash vorbei ist, und die eigene Angst zu überwinden, trotzdem aktiv zu werden. Aus der Vergangenheitsbetrachtung her kann es sich aber sehr lohnen, wie nachfolgende Depotentwicklung zeigt. Es gibt etliche Anleger, die rechtzeitig vor einem Crash aussteigen, doch die meisten verpassen den richtigen Zeitpunkt für den Wiedereinstieg. Das führt in der Regel dazu, dass *„viele dieser Börsenpropheten niedrigere Renditen als andere Anleger erzielten, die gar nicht erst den Versuch unternommen hatten, schlauer zu sein als der Markt"*, bemerkt Jeremy J. Siegel (2006, S. 45 f.). Über einen längeren Zeitraum von 10 bis 15 Jahren bewegen sich die Aktienrenditen ohnehin auf einem gleichbleibenden Niveau von + 7 %, unabhängig vom Einstiegszeitpunkt.

Das folgende Beispiel (Tab. 6.2) aus der Zeit von Juni 2001, dem Zeitpunkt des Platzens der Technologie- bzw. Dotcom-Blase, zeigt, welche Ergebnisse man damals mit vier unterschiedlichen Strategien bei einem Kurseinbruch von ca. 40 % erzielt hätte, wenn man sein Geld im Templeton Growth Fund angelegt hätte:

- **Methode „Festgeld":** Der Anleger gerät in Panik, löst seine Fondsanlage auf und legt den ihm verbliebenen Wert zu 4 % festverzinslich an, wobei er den Zinseszinseffekt nutzt, also Gewinne thesauriert.

Tab. 6.2 Entwicklung einer Anlage von 10.000 € zu Beginn des Börsencrashs im Juni 2001

Methode	„Festgeld"	„Kostolany"	„Sieger"	„Doppelsieger"
Anlagebetrag	10.000 €	10.000 €	10.000 €	10.000 €
Depotstand im März 2003	6.068 €	6068 €	6068 €	6068 €
Zusätzliches Invest	Keins	Keins	10.000 €	10.000 €
Depotstand im März 2009	6441 €	5225 €	13835 €	13835 €
Zusätzliches Invest	Keins	Keins	Keins	10.000 €
Wert 31.12.2023	7463 €	23.580 €	62.440 €	107.572 €
Rendite p.a.	−1,29 %	3,88 %	5,38 %	6,68 %

- **Methode „Kostolany"**: Getreu dem Motto des Börsenexperten André Kostolany „kaufen, viele Jahre liegen lassen und anschließend die Gewinne ernten" lässt der Anleger beim Crash die Fondsanlage einfach bestehen und wartet auf bessere Zeiten.
- **Methode „Sieger"**: Der Anleger investiert im März 2003 aus vorhandener Liquidität zusätzlich 10.000 € und erwirbt zusätzliche Fondsanteile fast zum halben Preis, verglichen mit dem Preis zwei Jahre zuvor. Er kauft, wie man sagt, zum Zeitpunkt des „größten Pessimismus", investiert also antizyklisch. Mit diesem Nachkauf verfügt er gegenüber demjenigen, der nach „Methode Kostolany" vorgegangen ist, über fast die dreifache Anzahl von Aktienanteile. Am Ende beträgt sein Vermögen fast das Dreifache des „Kostolany"-Anlegers.
- **Methode „Doppelsieger"**: Der Anleger nutzt die zweite Chance zum Nachinvestieren im März 2009 zum Zeitpunkt der weltweiten Finanzkrise ebenfalls und investiert noch einmal 10.000 €. Sein Ergebnis am Ende beträgt mehr als das Vierfache des „Kostolany"-Anlegers.

Zum Vergleich seien hier noch zusätzlich die Daten der Weltwirtschaftskrise 1929 herangezogen, einer der schlimmsten Finanzkrisen des 20. Jahrhunderts. Der „Cocktail", der diese Krise auslöste, ist der heutigen Situation nicht unähnlich: Rückgang der Industrieproduktion, Zahlungsunfähigkeit vieler Unternehmen, Rückgang des Welthandels, hohe Arbeitslosigkeit und politische Spannungen innerhalb und zwischen vielen Staaten.

6.1 · Value Investing – günstige Zeitpunkte nutzen

Tab. 6.3 Entwicklung eines Aktienanteils im Fondsdepot in der Weltwirtschaftskrise 1929 und danach

	Verlust/Gewinn	USD
Ausgangswert 12/1928		100,00
Verlust 1929	– 2,98 % = – 2,98 (USD)	97,02
Verlust 1930	– 35,12 % (von 97,02) = – 34,07 (USD)	62,95
Verlust 1931	– 25,5 % (von 62,95 USD) = – 16,05 (USD)	46,90
Verlust nach 3 Jahren insgesamt:	**– 53,1 % = – 53,1 USD**	**46,90**
Gewinn 1932	+ 37,28 % (von 46,90 USD) = + 17,48 USD	64,38
Gewinn 1933	+ 23,2 % (von 64,38 USD) = + 14,94 USD	79,32
Gewinn 1934	+ 27,68 % (von 79,32 USD) = + 21,96 USD	**101,28**

Die obige Beispielrechnung (Tab. 6.3) zeigt, wie lange es damals dauerte, bis die Verluste an der Börse wieder aufgeholt waren, wenn man das Geld im Pioneer Fund auf Dollarbasis (USD) angelegt hätte. Der Pioneer Fund wurde 1928 aufgelegt und existiert bis heute.

Die Tab. 6.3 zeigt, dass der in drei Jahren in Folge aufgetretene Wertverlust von insgesamt über 50 % innerhalb von drei weiteren Jahren wieder aufgeholt wurde.

> Der Value-Investor sieht in jeder **Krise** fallender Börsenkurse die **Chance** auf einen günstigen Einstieg – entweder, um sein Aktienfondsdepot günstig aufzustocken oder um damit zu starten. Je niedriger die Kurse beim Einstieg, desto höher die Gewinne nach zwei bis drei Jahrzehnten. Der Verluste selbst haben sich in der Regel nach etwa drei Jahren ausgeglichen.

„Bei Kanonendonner kaufen, bei Harfenklängen verkaufen" – so fasst André Kostolany einen wesentlichen Aspekt des Value Investings zusammen (vgl. ▶ https://de.wikipedia.org/wiki/Andr%C3%A9_Kostolany). Günstige Gelegenheiten für Value-Investoren bieten sich immer wieder, so z. B. 2003 nach dem Einmarsch der USA in den Irak, 2009 nach Einbruch des Aktienmarktes infolge der Hypothekenkrise einschließlich einiger Bankpleiten,

2021 nach Beginn des Ukraine-Kriegs oder 2023 nach dem Hamas-Angriff auf Israel. Auch wenn dies schreckliche Ereignisse sind, die zunächst zu einem Abfallen der Kurse führen, steigen diese nach den Krisen umso stärker an.

Der Ökonom Robert J. Shiller, Professor an der Yale-Universität, untersuchte in seinem bekannten Buch „Irrationaler Überschwang" den Zusammenhang zwischen dem Kurs-Gewinn-Verhältnis (KGV) von Aktien und dem auf dieser Basis zu erwartenden Zehnjahresertrag. Er stellte fest, dass im amerikanischen Markt von 1881 bis 2000 „im Allgemeinen auf Jahre mit niedrigem KGV hohe Renditen folgten und Jahre mit hohem KGV regelmäßig niedrige oder negative Renditen nach sich zogen" (vgl. Shiller 2000, S. 27). Wäre es nicht so trivial, könnte man genauso gut sagen: Auch an der Börse folgt auf Regen Sonnenschein und auf Sonnenschein Regen.

Shiller stellte weiterhin fest, dass sich die Gewinne von Unternehmen in der Regel nach einem Crash innerhalb von 5 Jahren verdoppelten, so nach der Depression von 1890, der Weltwirtschaftskrise von 1929 und nach dem Zweiten Weltkrieg ab 1950. In der Zeit von 1921 bis 1928 vervierfachten sich die Gewinne sogar und auch zwischen 1990 und 2000 waren wiederum ungewöhnliche Gewinnzuwächse zu verzeichnen.

6.2 Der Leverage-Effekt – durch Hebelung den Vermögensaufbau beschleunigen

■ **Hebelung durch einen Kredit**

Sie könnten dem Zinseszinseffekt eine noch größere Chance geben, indem Sie für das Investmentsparen in einem Fonds von Anfang an einen Kredit nutzen. Normalerweise läuft das Ansparen nach dem Prinzip: „Mühsam nährt sich das Eichhörnchen". Der Anleger zahlt Monat um Monat und Jahr um Jahr seine Raten in den Fonds ein und wartet, dass das Vermögen langsam wächst. Effektiver wäre es jedoch, von Anfang an eine höhere Einmalanlage in den Fonds einzuzahlen.

Die folgende Beispielrechnung macht es deutlich: Nehmen wir an, ein Anleger würde 10 Jahre lang monatlich 100 € im Fonds ansparen und dafür eine Rendite von 7 % bekommen. Nach 20 Jahren wäre sein eingezahltes Kapital von 24.000 auf rund 51.000 € angewachsen. Würde der Anleger jedoch bereits von Anfang an 30.000 € zu 7 % anlegen, so wäre die Endsumme weitaus höher, nämlich rund 86.000 € – eine Differenz von 35.000 €.

An dieser Stelle kommt jetzt das Darlehen ins Spiel: Statt die Sparrate von 100 € monatlich in den Fonds einzuzahlen, nehmen Sie einen Kredit über 30.000 € bei der Bank auf, legen diese Summe als Einmalanlage im Fonds an und zahlen mit monatlich 100 € das Darlehen über 20 Jahre ab. Auf diese Weise lassen Sie von vornherein einen größeren Betrag für sich arbeiten, als wenn Sie ratierlich ansparen! Der Darlehenszins sollte auf mindestens 10 Jahre, besser 15 Jahre oder länger, festgeschrieben sein, weil diese Zeitdauer für die Erzielung einer überdurchschnittlichen Rendite in einem guten Aktienfonds erforderlich ist.

Man nennt diese Art der Vermögensvermehrung „Hebeln", denn das Darlehen wird wie ein Hebel benutzt, um den Vermögensaufbau zu *beschleunigen*. Eine Hebelung der Rendite auf das eingesetzte Kapital („Eigenkapitalrendite") tritt ein, wenn das Fremdkapital weniger an Zinsen kostet, als die daraus resultierende Kapitalanlage an Rendite einbringt. Die dadurch erzielbare höhere Eigenkapitalrendite bezeichnet man in der Fachsprache als **„Leverage-Effekt"**. „Leverage" bedeutet „Hebelkraft".

Übrigens ist dies nichts anderes als das, was auch jede Bank tut: Sie leiht sich Geld für durchschnittlich 2 % von ihren Kunden – indem sie ihnen in dieser Höhe einen Guthabenzins auszahlt –, und sie verleiht das Geld möglichst für etwa den doppelten Zins weiter. Dieses Prinzip brauchen Sie nur nachzuahmen.

Wenn Sie dabei auch keine Gewinnmarge von 100 % erzielen, rechnet es sich doch auch schon, wenn Sie ein Darlehen für einen Zinssatz von z. B. 4 % aufnehmen und in der Fondsanlage eine Rendite von beispielsweise 6–7 % erzielen. Besser ist es natürlich, wenn Sie die doppelte Rendite, nämlich 8 % und damit auch eine Marge von 100 % erreichen können.

Wie sich diese Alternativen für Sie mithilfe des Zinseszinseffektes rechnen, sei Ihnen in ◨ Tab. 6.4 wiederum anhand einer Zeitdauer von 20 Jahren dargestellt, wobei davon ausgegangen wird, dass der Kredit ebenfalls in 20 Jahren abbezahlt wird. Eine 20-jährige Laufzeit entspricht bei einem Zinssatz von 7 % einer zweimaligen Vermögensverdopplung (72 : 7 = 10,2). Ergebnisvergleich:

> Der Vermögensaufbau lässt sich durch eine „Hebelung" des Kapitals beschleunigen, indem man ein Darlehen verwendet, um mit einer hohen Einmalanlage eine höhere Rendite zu erzielen, anstatt mit einem Sparplan die Summe über Jahre anzusparen. Je größer die Differenz zwischen dem Sollzins des Kredits und dem Guthabenzins bzw. der Rendite der Geldanlage, desto größer die Hebelung.

Tab. 6.4 Sparen mit Kredit – Vergleichsrechnung bei 7 % Rendite und 20 Jahren Anlagedauer

	Sparplan für Aktienfonds	Einmalanlage aus Kredit
Sparrate monatlich	100 €	
Anlage aus Darlehen		30.000 €
Zinsrate 4 % = 1200 € p.a.		100 €
Monatliche Belastung	100 €	100 €
Ergebnis nach 20 Jahren	**51.000 €**	**116.000 €**
Abzüglich Darlehen (gezahlter Gesamtbetrag)		– 30.000 €
Endvermögen	51.000 €	86.000 €
Mehrvermögen durch Kredit (= Leverage-Effekt)		35.000 €
Rendite jährlich	7 %	11,5 %

- **Die Abzahlung eines Darlehens über Aktienfonds**

Eine ganz spezielle Art der Hebelung ist es, ein Darlehen über einen Aktienfonds abzubezahlen, wie ich es schon beim Thema „Bausparvertrag" (vgl. ▶ Abschn. 4.3.3) angesprochen habe. Wenn der Kredit kein „Konsumkredit" ist, der dazu dient, eine nur konsumorientierte Anschaffung zu tätigen, sondern z. B. eine Immobilie zu finanzieren, so dient auch dies dem Vermögensaufbau. Konsumgüter wie z. B. Autos, Möbel oder Elektronikgeräte verlieren nach ihrem Kauf stets ihren Wert, der im Laufe der Jahre auf Null fällt, während z. B. Immobilien und andere Sachwerte gewinnen, also langfristig wertvoller werden. Für die Abbezahlung von Konsumgütern lohnt sich kein Aktienfonds, und sehr häufig lohnt sich dafür auch kein Kredit.

Im Jahr 1998 stand bei mir die Finanzierung eines Mehrfamilienhauses an. Der Vorschlag meines Bankberaters, etwa die Hälfte der zu finanzierenden Summe mit einer Kapitallebensversicherung zu unterlegen, stieß bei mir auf offene Ohren, denn das hatte ich bereits einmal mit Erfolg gemacht (vgl. ▶ Kap. 1). Sein weiterer Vorschlag ging dahin, die andere Hälfte der zu finanzierenden Summe in Aktienfonds anzusparen. Obwohl seit Anfang der 90er-Jahre die Börse fast nur positiv von sich reden machte, bereitete mir allein der Gedanke an Aktien bzw. Aktienfonds – damals, bevor ich mich mit

Aktien näher befasst hatte – bereits Bauchschmerzen. Dennoch sind meine Frau und ich letztlich diesem Vorschlag gefolgt, weil die Argumentation nachvollziehbar und in sich plausibel war:
- Es hieß, wir würden längerfristig eine Rendite erzielen, die nach den Erfahrungen der Vergangenheit wahrscheinlich höher ausfallen werde als der für das Darlehen zu zahlende Zins, der auch noch steuerlich abzugsfähig war.
- Im Vergleich zu Kapitallebensversicherungen sei die Aktienfondsvariante vorteilhafter und
- die Anlage sei, bezogen auf lange Zeiträume, als faktisch sicher anzusehen.

So ließen wir uns auf das „Abenteuer" Finanzierung mit Ansparen in Aktienfonds ein, aber immer noch mit einem etwas mulmigen Gefühl im Bauch und mit der gelegentlich auftauchenden Frage: Wird das wohl gut gehen?

Mein Bankberater hatte mir seinerzeit empfohlen, in acht verschiedene sog. „hauseigene" Fonds zu investieren – der breiteren Streuung wegen. Die Entwicklung des Depots ist in ◘ Tab. 6.5 dargestellt.

An diesem Beispiel ist erkennbar, dass die Finanzierung mit Tilgungsersatz durch Aktienfondsanlagen eine interessante Alternative darstellt und längerfristig sinnvoll sein kann.

> Der Zinseszinseffekt macht es möglich, ein größeres Darlehen über das Ansparen der Kreditsumme in einem Aktienfonds recht mühelos abzuzahlen und dabei noch einen Gewinn zu erzielen, der über die Darlehenssumme hinausgeht. Am besten lässt sich dies mit einem sog. „endfälligen Darlehen" bewerkstelligen. Die Rückzahlung erfolgt in diesem Fall am Ende der Vertragslaufzeit, wenn der Aktienfonds bereits einen deutlichen Gewinn abgeworfen und sich das Kapital idealerweise bereits mindestens einmal verdoppelt hat.

◘ **Tab. 6.5** Entwicklung des Depots als Tilgung für das aufgenommene Darlehen

	Entwicklung Fondsdepot
Einzahlungen in der Zeit vom 15.07.1998 bis 31.12.2023	197.056 €
Stand des Depots am 31.12.2023	542.225 €
Durchschnittliche Rendite p.a.	7,4 %

Banken akzeptieren die Ansparung in Aktienfonds für die Rückzahlung endfälliger Darlehen, wie meine eigenen Erfahrungen und Recherchen bei diversen Banken und Landesbanken, der Sparkasse, der Postbank und auch einer Immobilienbank belegen. Das Problem ist: Sie machen Kunden, die nach einem Kredit fragen, nicht auf diese Möglichkeit der Tilgung aufmerksam, sondern Sie müssen als Anleger bzw. Verbraucher selbst aktiv werden und ausdrücklich danach fragen. Routinemäßig vergeben Banken fast ausschließlich die sog. Annuitätendarlehen, die in monatlichen Raten getilgt werden müssen.

6.3 Mit dem Cost-Average-Effekt die Rendite steigern

■ **Kursschwankungen nutzen**

Der Cost-Average- oder Durchschnittskosteneffekt macht sich bei regelmäßigen Einzahlungen in einen Aktienfonds entsprechend einem Sparplan Kursschwankungen zunutze. Der clevere Anleger nutzt diese, indem er – bei konstanter Sparrate – *mehr* Anteile erwirbt, wenn der Kurs *gesunken* ist, und *weniger* Anteile, wenn er *gestiegen* ist. Er erwirbt das Mehr an Anteilen quasi zum „Schnäppchenpreis" und kann sich später über eine umso stärker gestiegene Rendite freuen, wenn der Kurs wieder anzieht. Wichtig ist jedoch, dass der Sparplan diszipliniert und konsequent mit gleich bleibenden Raten und in regelmäßigen Zeitabständen (monatlich, jährlich oder vierteljährlich) eingehalten wird. Über einen längeren Zeitraum gesehen, machen Sie als Anleger einen zusätzlichen Gewinn, wenn Sie Kursschwankungen clever nutzen. Das Beispiel in ◘ Tab. 6.6 macht es deutlich:

◘ Tab. 6.6 zeigt: Obwohl der Kurs bis zum Zeitpunkt D um 50 % eingebrochen war – der Aktienanteil also nur noch 3 statt 6 € wert war – und sich bis zum Zeitpunkt G nur wieder auf den Ursprungswert von 6 € pro Anteil erholt hatte, demnach noch keine Kurswertsteigerung gegenüber dem Beginn des Sparvertrages stattgefunden hatte, ist der dadurch entstandene Gewinn nicht unbeträchtlich und macht immerhin mehr als ein Drittel der Einzahlung aus, wie ◘ Tab. 6.7 zeigt:

Wäre der Anleger nervös geworden und hätte seine Anlage bei einem Kurs von 3 € zum Zeitpunkt D verkauft, wäre ein Verlust von 6900 € entstanden. Er hätte bis dahin 5700 Anteile zum Preis von 24.000 € erworben, die aber nur einen Verkaufswert von 17.100 € gehabt hätten (5700 x 3 € = 17.100 €). Stattdessen hat derjenige, der unbeirrt und kontinuierlich seine Raten weitergezahlt hat, nicht nur keinen Verlust realisiert, sondern einen Gewinn von 14.400 € erwirtschaftet. Das ist ein Unterschied von 21.300 € oder etwa 50 % mehr.

Tab. 6.6 Erwerb unterschiedlicher Fondsanteile, entsprechend dem jeweiligen Kurswert

Zeitpunkt	Sparrate jährlich (EUR)	Kurswert des Fondsanteils (in EUR)	Anzahl erworbener Anteile
A	6000	6	1000
B	6000	5	1200
C	6000	4	1500
D	6000	3	2000
E	6000	4	1500
F	6000	5	1200
G	6000	6	1000
Zwischensumme	42.000		9400

Tab. 6.7 Gewinn infolge des Cost-Average-Effektes

Erworbene Anteile zum Zeitpunkt G	9400
Wert je Anteil	6 €
Gesamtwert der erworbenen Anteile (9400 x 6 €)	56.400 €
Eingezahlt worden sind	42.000 €
Gewinn	**14.400 €**

Das Beispiel zeigt nebenbei auch noch einmal, dass man keine Angst vor Kursschwankungen haben, sondern diese vielmehr gezielt nutzen sollte. Nur unerfahrene Anleger geraten bei fallenden Kursen in Panik – und machen einen Verlust, indem sie zu schnell verkaufen. Erfahrene Anleger hingegen bleiben ruhig und kaufen „antizyklisch", erwerben also gezielt immer dann mehr Anteile, wenn der Kurs „im Keller" ist, um vom späteren Aufstieg umso stärker zu profitieren.

Wie sähe es nun bei einer einmaligen Geldanlage im Aktienfonds statt monatlicher Sparraten aus? Bei einer Einmalanlage kann man steigende oder fallende Kurse nicht zu seinen Gunsten nutzen. Hätte der Anleger in unserem Beispiel einmalig – zum Zeitpunkt A – bei einem Kurs von 6 € den Gesamtbetrag von 42.000 € investiert, hätte er 7000 Anteile gekauft, die zwischenzeitlich um 50 % (Kurs 3 €) gefallen wären und sich bis zum Zeitpunkt G gerade wieder auf den Kaufwert erholt hätten: Der Anleger hätte also bis dahin nichts verdient. Die Nutzung des Cost-Average-Effektes ist demnach einer Einmalanlage überlegen, weil er flexible Anpassungen der Sparraten ermöglicht.

> Beim Cost-Average-Effekt geht es darum, dass man einen regelmäßigen Sparplan in konstanter Höhe einhält, sodass man automatisch bei Kursschwankungen günstige Zeitpunkte nutzt, um jeweils mehr Fondsanteile zu erwerben und auf diese Weise bei Kursanstiegen finanziell umso mehr profitiert.

6.4 Das Core-Satellite-Prinzip – Vermögensaufteilung mit kalkulierbarem Risiko

Unter dem Core-Satellite-Prinzip versteht man die Aufteilung des Vermögensportfolios auf mehrere verschiedene Anlagen oder Anlagetypen. Dabei soll die Kerninvestition (Core) eine Grundrendite mit ausreichender Sicherheit bieten, und außerdem sollen Einzelinvestitionen (Satelliten) mit höherem Risiko die Chance auf eine zusätzliche Renditesteigerung eröffnen.

Die Frage ist nun: Wie teilt man das Portfolio geschickt auf, um die höchstmögliche Rendite zu erwirtschaften, gleichzeitig aber ein höchstmögliches Maß an Sicherheit zu haben? Natürlich kann niemand über 20 oder 30 Jahre die Renditen unterschiedlicher Anlage(type)n vorhersehen, dennoch gibt es Möglichkeiten, die Aufteilung überlegt zu steuern.

■ **Steigerung der Rendite durch Beimischung von Satelliten**
Grundsätzlich ist es gut, als Basisinvestment (Core) einen oder mehrere breit aufgestellte, weltweit anlegende Aktienfonds zu wählen. So braucht man sich keine Gedanken darüber zu machen, in welchen Regionen oder Branchen die Investitionen zu tätigen sind, denn diese Entscheidung wird vom jeweiligen Fondsmanagement übernommen.

Tab. 6.8 Core-Satellite-Aufteilung eines Portfolios in 2 Alternativen

Anlagedauer: 30 Jahre	Alternative 1	Alternative 2		
	1/1	2/3	1/3	Summe
Anlagebetrag	50.000 €	33.333 €	16.667 €	50.000 €
Rendite	7 %	7 %	10 %	
Endvermögen	380.613 €	251.204 €	290.829 €	542.033 €
Mehrvermögen durch Core-Satellite-Aufteilung				161.420 €

Dennoch kann es eine sinnvolle Überlegung sein, bestimmte Branchen als Beimischung (Satellite) mit hinzuzunehmen, wenn die Chancen wahrscheinlich langfristig sehr gut sind. Da dies dann oftmals auch mit größeren Schwankungen verbunden ist, sollte es sich eben nur um eine *Ergänzung* des Basisinvestments handeln. So kann man auch dann noch ruhig schlafen, wenn die Börsenkurse sich von Zeit zu Zeit in die falsche Richtung entwickeln. Wie sich solch eine Beimischung auswirken kann, habe ich in ◘ Tab. 6.8 dargestellt. Die Rechnung macht deutlich, dass Alternative 2 die bessere ist.

> Um stets auf der sicheren Seite zu sein, sollte das Basisinvest immer etwa zwei Drittel, maximal 70 %, ausmachen. Das restliche Drittel bzw. 30 % kann mit einem oder mit mehreren Fonds bestückt werden, den sog. Satelliten, welche einzeln ggf. höhere Risiken in sich tragen, bei welchen aber die Wahrscheinlichkeit größer ist, dass sie höhere Renditen abwerfen als das Basisportfolio. Als Beispiel seien hier z. B. Rohstoff-Fonds, Schwellenländer-Fonds, Technologiefonds oder ökologisch ausgerichtete Nachhaltigkeits-Fonds genannt.

6.5 Entwicklung eines Aktiendepots bei regelmäßigen Entnahmen

Angenommen, Sie haben bereits ein Aktienfondsdepot aufgebaut und wollen regelmäßig Geld daraus entnehmen, haben aber zugleich das Ziel, dass das Depot sich möglichst nicht aufbraucht. Die Entnahmen sollten also so gestaltet sein, dass sie „nachhaltig" (vgl. ▶ Abschn. 5.1) sind.

Ideal ist es natürlich, wenn Sie als Anleger nicht unbedingt auf regelmäßige Entnahmen aus dem Depot angewiesen sind, sondern sie nur unmittelbar nach gestiegenen Kursen tätigen und auf sie verzichten, solange ein Kurstal durchschritten wird. Doch das lässt sich nicht immer bewerkstelligen, denn gerade dann, wenn ein aufgebautes Aktienvermögen als private (Zusatz-)Rente dienen soll, sind monatliche Entnahmen im Alter möglicherweise von Anfang an das Ziel gewesen und somit unabdingbar, gleich, ob die Börsenkurse nun gerade steigen oder fallen.

- **Kontinuierliche Entnahmen bei fallenden Kursen**

Das folgende Beispiel (◘ Tab. 6.9) demonstriert, wie sich ein Aktienfondsdepot bei stetig fallenden Börsenkursen und gleichbleibender regelmäßiger Entnahme entwickelt. Es wird eine jährliche Entnahme von 10 % des zu Beginn vorhandenen Depotwerts angenommen. In der Regel sollte der Entnahmesatz 5–6 % nicht übersteigen, für Vorsichtige sollte er eher nur 4 % betragen.

Je stärker der Kurs fällt, umso mehr Anteile müssen verkauft werden; so wird zum Zeitpunkt D bereits die doppelte Anzahl Anteile im Vergleich zum Zeitpunkt A entnommen. Weil die Zahl der zu verkaufenden Anteile aber überproportional zunimmt, können die im Depot verbleibenden Anteile auch in einer steigenden Börsenphase diesen durch die Entnahme realisier-

◘ **Tab. 6.9** Entwicklung eines Aktiendepots bei konstanten Entnahmen zu unterschiedlichen Kurswerten

Zeitpunkt	Entnahme, z. B. jährlich (in EUR)	Kurswert des Aktienanteils (in EUR)	Verkaufte Anteile	Anteilsbestand	Depotwert
				10.000	60.000
A	6000	6	1000	9000	
B	6000	5	1200	7800	
C	6000	4	1500	6300	
D	6000 (24.000)	3	2000 (5700)	4300	12.900
E	6000	4	1500	2800	
F	6000	5	1200	1600	
G	6000	6	1000	600	3600
	42.000		9400	600	3600

6.5 · Entwicklung eines Aktiendepots...

ten Verlust nicht mehr aufholen. Im Beispielfall wäre am Ende nur noch eine einmalige Entnahme in Höhe von 3600 € möglich, und damit wäre das Depot abgeräumt.

- **Unterbrechung der Entnahmen bei fallenden Kursen**

Im Vergleich dazu wird im Beispiel ◘ Tab. 6.10 die Entwicklung des Depots gezeigt, wenn man die Entnahmen während fallender Börsenkurse unterbricht. Die Unterbrechung bewirkt, dass das Depot nicht oder wesentlich später aufgebraucht ist. Unter Umständen kann es sich durch Zurückhaltung bei den Entnahmen auch wieder vollständig erholen.

- **Aufteilung des Vermögens in zwei Konten**

Um das Aufbrauchen eines vorhandenen Vermögens bei konstanter Entnahme während fallender Kurse zu verhindern, gäbe es auch die Alternative, es in zwei Teile aufzusplitten: in einen konservativ ausgerichteten Teil (z. B. festverzinsliche Anlagen), aus dem die geplanten Entnahmen für 3 bis 5 Jahre getätigt werden, und in einen in Aktienfonds angelegten Teil. Damit kann das Aktienfondsdepot auch vorübergehend im Wert fallen, ohne dass ein negativer Cost-Average-Effekt eintritt, sich also das Depot durch Ent-

◘ **Tab. 6.10** Entwicklung eines Aktiendepots, wenn bei fallenden Kursen die Entnahmen unterbrochen werden

Zeit-punkt	Entnahme, z. B. jährlich (in EUR)	Kurswert des Aktienanteils (in EUR)	Verkaufte Anteile	Anteils-bestand	Depot-wert
A	Keine	6	Keine	10.000	60.000
B	Keine	5	Keine	10.000	50.000
C	Keine	4	Keine	10.000	40.000
D	Keine	3	Keine	10.000	30.000
E	6000	4	1500	8500	34.000
F	6000	5	1200	7300	36.500
G	6000 (18.000)	6	1000 (3700)	6300	37.800
H	6000	7	857	5443	38.101
I	6000	8	750	4693	37.544

nahmen bei stetig fallenden Kursen zu schnell aufbraucht. In steigenden Börsenphasen kann das konservative Depot mit Kursgewinnen aus dem Aktienfonds alljährlich wieder um den Betrag aufgefüllt werden, der zuvor verbraucht worden ist, sodass stets ausreichend Mittel für die Entnahme zur Verfügung stehen.

Das folgende Beispiel (◘ Tab. 6.11) demonstriert den Effekt. Vorausgesetzt wird, dass das Gesamtvermögen (Depotwert) 200.000 € beträgt. Die Entnahmen betragen 6 % = 12.000 € jährlich bzw. 1000 € monatlich.

In einer Phase fallender Börsenkurse könnte die Umschichtung vom Fondsdepot so lange ausgesetzt werden, bis der Markt wieder dreht. Hierbei war in der Vergangenheit ein zeitlicher Puffer von etwa 3 Jahren bei guten, breit streuenden und international anlegenden Aktienfonds ausreichend. Um auch bei schwersten Krisen wie 1929 (Weltwirtschaftskrise) und bei den außergewöhnlich massiven Crashs wie 2009 noch entsprechenden Spielraum zu haben, sollte man mit einem Fünf-Jahres-Zeitraum auf der sicheren Seite sein, obwohl dafür niemand garantieren kann. Aber immerhin liegen diesen Empfehlungen die Erfahrungen von bereits mehr als 50 Jahren zugrunde.

◘ **Tab. 6.11** Entwicklung eines Aktiendepots bei Entnahmen über ein separates Konto

Aufteilung	Konservative Anlage (in EUR)	Aktienfondsdepot (in EUR)
Reservierung der Entnahmen für 5 Jahre im Voraus (5 x 12.000 €)	60.000	140.000
Nach Ablauf eines Jahres würden bei steigenden oder stagnierenden Kursen die zuvor getätigten Entnahmen vom Aktiendepot umgeschichtet:		
Entnahmen 1. Jahr	−12.000	
verbleibend	48.000	
Umschichten vom Aktiendepot	+12.000	−12.000
Erneute Reserve	60.000	128.000
Angenommener Wertzuwachs: Aktiendepot 8 % auf 140.000 €		+11.200
Wert Aktiendepot trotz Entnahme		**+139.200**

Die ewige Rente

> **Tipp**
>
> Ermitteln Sie mit Hilfe des Entnahmerechners (▶ https://www.zinsenberechnen.de/entnahmeplan.php), wie sich eine regelmäßige Geldentnahme auf Ihr Kapitalvermögen langfristig auswirkt. Sie können z. B. errechnen, wie lange es dauert, bis sich Ihr Vermögen durch gleichbleibende Entnahmen in festgelegter Höhe aufgebraucht hat. Alternativ können Sie ebenfalls errechnen, wie hoch eine sog. „ewige Rente" *ohne* Kapitalverzehr sein könnte. Durch Anpassung der Kapitalentnahme an die Größe des Vermögens und die erreichbare Zinshöhe bliebe Ihr Vermögen auf diese Weise vollständig erhalten, wäre also nachhaltig und könnte vererbt werden.

Ein Beispiel zur **ewigen Rente**: Bei einem Vermögen von 200.000 € und einem jährlichen Zuwachs von 7 % könnten Sie monatlich etwa 857 € entnehmen, ohne dass sich Ihr Vermögen jemals aufzehren würde – eine Folge des Zinseszinseffektes! In diesem Betrag sind die Abgeltungssteuer und der jährliche Steuerfreibetrag (vgl. ▶ Abschn. 4.2) bereits berücksichtigt, nicht jedoch die Inflation.

> **Zusammenfassung**
>
> Es gibt eine Reihe von Strategien, mit denen Sie Ihren Vermögensaufbau fördern können, ohne Ihre Sparraten zu erhöhen. Diese Strategien wirken wie Hebel:
> - *Value Investing:* Erwerben Sie Aktienanteile von Unternehmen, die gerade unterbewertet sind, weil sie sich in einer strukturellen Schwächephase befinden.
> - Erwerben Sie während fallender Börsenkurse oder eines Börsencrashs vermehrt Aktienanteile zu einem günstigen Preis. Umso mehr profitieren Sie vom Anstieg der Renditen, der in der Regel nach 3 bis 5 Jahren zu erwarten ist.
> - *Leverage-Effekt:* Nutzen Sie einen Kredit für eine höhere Einmalanlage in Ihr Aktienfonds-Depot. So erzielen Sie eine höhere Rendite, als wenn Sie den Betrag in Raten ansparen müssten. Achten Sie dabei auf die Differenz zwischen dem Kreditzins und dem Guthabenzins bzw. der Rendite Ihrer Anlage.

- Nutzen Sie umgekehrt eine Anlage in einem guten Aktienfonds, um ein Hypothekendarlehen abzubezahlen, denn eine Immobilie dient ebenfalls dem Vermögensaufbau.
- *Cost-Average-Effekt:* Kaufen Sie – bei konstanten Sparraten – bei fallenden Börsenkursen mehr Aktienanteile und bei steigenden Kursen weniger. So erwerben Sie mehr Anteile, ohne dass es Sie mehr kostet.
- *Core-Satellite-Prinzip:* Teilen Sie Ihr Portfolio im Verhältnis so auf, dass Ihr sicheres, aber niedriger verzinstes Basisinvest ca. 60–70 % und Ihr Zusatzinvest mit höherer Rendite, aber größerem Risiko ca. 30–40 % ausmacht.
- Bei regelmäßigen *Entnahmen* aus Ihrem Aktienfondsdepot sollten Sie darauf achten, dass diese möglichst nicht zu einem Vermögensverzehr führen. Entnehmen Sie nur bei steigenden Kursen Geld oder legen Sie das für fünf Jahre benötigte Geld separat in einer festverzinslichen Anlage an. Die Anpassung der Entnahmen an die Vermögensgröße und die voraussichtliche Zinshöhe kann zu einer nachhaltigen ewigen Rente ohne Vermögensverzehr führen.

Nachwort

© Der/die Autor(en), exklusiv lizenziert an Springer Fachmedien Wiesbaden GmbH, ein Teil von Springer Nature 2024
W. Stubenrauch, *Sicher anlegen statt sparen*,
https://doi.org/10.1007/978-3-658-43493-9_7

Eine tropische Pflanze, die Wasserhyazinthe, wächst an der Oberfläche von Seen und Teichen, z. B. am afrikanischen Viktoriasee. Sie hat eine betörende Eigenschaft: Aus jeder etwa handtellergroßen Pflanze wächst über Nacht wieder eine neue. Aus einer Hyazinthe werden zwei, aus zweien vier usw. Sogar auf einem Fluss oder einem großen See kann unter günstigen Bedingungen innerhalb von 30 Tagen die gesamte Oberfläche bedeckt sein. Das Gewässer kann dann unter Umständen nicht mehr befahren werden, weil die Menge der Hyazinthen geradezu übermächtig ist (◘ Abb. 7.1).

Das Interessante daran ist aber: Am 29. Tag ist das Gewässer erst zur Hälfte bewachsen. Wer es sich anschaut, könnte der Ansicht sein, dass es noch eine gefühlte Ewigkeit braucht, bis es komplett von der Pflanze bedeckt ist. Und dennoch dauert es nur *einen einzigen Tag!* Denn schon am 30. Tag hat die Hyazinthe die Gewässeroberfläche vollständig erobert, indem sie sich noch ein weiteres Mal verdoppelt hat.

Die Macht der Wasserhyazinthe veranschaulicht wunderbar den Zinseszinseffekt – und zeigt zugleich, dass er wie eine Art Naturgesetz wirkt. Wer den Zinseszinseffekt verstanden hat, sollte klug genug sein, ihn zu nutzen. Nur eines darf man nicht erwarten: das schnelle Geld. Schon Kostolany sagte: „Ich kann Ihnen nicht sagen, wie man schnell reich wird. Ich kann Ihnen aber sagen, wie man schnell arm wird: indem man versucht, schnell reich zu werden.“ (vgl. ► https://de.wikipedia.org/wiki/Andr%C3%A9_Kostolany).

Der Zinseszinseffekt wirkt nur langfristig, dafür aber in immer größeren Schritten. Sie kennen sicher den im Volksmund bekannten Ausspruch: Die erste Million ist immer die schwerste. In der Tat! Denn ein großes Vermögensziel zu erreichen, braucht *Geduld und Zeit.* Ist es jedoch erst einmal erreicht, geht es umso schneller voran. Der „Sprung“ von der ersten zur zweiten Million dauert bei einer guten Rendite in einem Aktienfonds meist nur noch 7 bis 10 Jahre – und in noch einmal dem gleichen Zeitraum sind aus 2 Mio. bereits 4 Mio. geworden.

Man möchte sagen, dem Wachstum einer Kapitalanlage sind keine Grenzen gesetzt – aber das ist nur begrenzt richtig. Hier beginnt das moralische Gesetz in uns. Wenn die Macht des Kapitals dazu führt, dass es damit die Welt regiert, stimmt etwas nicht mehr in einer Demokratie.

Überdenkenswert sollte deshalb die Botschaft von Papst Franziskus sein, die er in seinem Apostolischen Schreiben „Evangelii Gaudium“ (Nr. 56) vom 23. November 2013 allen Christen übermittelt hat: „Während die Einkommen einiger weniger exponentiell steigen, entfernen sich die der Mehrheit

Nachwort

◘ **Abb. 7.1** Die Wasserhyazinthe

immer weiter vom Wohlstand dieser glücklichen Minderheit." Im Klartext: Die einen werden in größer werdenden Schritten stetig reicher, die große Mehrheit hingegen unaufhörlich ärmer. Papst Franziskus macht gleichzeitig Mut, die Gründe hierfür aufzudecken und zu enthüllen.

Hierzu mit einfachen beweisbaren Regeln des Finanzwissens etwas Licht in das Dunkel des Finanzkapitalismus bringen zu können, hat mich schon früher angetrieben. Mein Lebensmotto war bereits seit der Schulzeit ein Ausspruch von Johann Wolfgang von Goethe: „Edel sei der Mensch, hilfreich und gut". Da ich den Umgang mit dem Zinseszins von der Pike auf in der Finanzverwaltung erlernt habe, war es wohl eine Art Berufung, dass ich später in den Beruf des Steuerberaters gewechselt bin, um Ihnen mein Wissen zu Ihrem und zum Wohle der nächsten Generationen weitergeben zu können. Nicht zuletzt bin ich mit der Vereidigung zum Steuerberater und vereidigten Buchprüfer zur Wahrheit verpflichtet, zumal ich die Eide mit der Formulierung „So wahr mir Gott helfe" abgelegt habe und diese mein Leben lang bindend bleiben.

Es drängt sich die Frage auf: Was ist der Sinn des Lebens überhaupt? Hierüber haben sich bereits vor über 2500 Jahren gelehrte Menschen mit philosophischen Fragen Gedanken gemacht, so z. B. Seneca (ca. 500 v. Chr.), in neuerer Zeit der Wiener Professor und Holocaust-Überlebende Victor Frankl und seine Schülerin, die sein Lebenswerk fortführende Professorin h.c. Dr. Elisabeth Lukas. Sie kommen übereinstimmend zu dem Schluss, dass der Sinn des Lebens darin liege, „Gutes zu tun".

Wenn ausnahmslos jeder Mensch seinem Nächsten Gutes täte, hätten wir Frieden auf dieser Welt – eine faszinierende Idee, der besonders die Menschen in den christlich geprägten Ländern nachgehen sollten!

Unabhängig davon, wieviel Vermögen Sie einsetzen oder ansparen können, nutzen Sie den Zinseszinseffekt und bleiben Sie langfristig investiert!

Viel Erfolg beim Vermögensaufbau wünscht Ihnen

Ihr Werner Stubenrauch

Serviceteil

Anhang – 154

Literatur– 155

© Der/die Herausgeber bzw. der/die Autor(en), exklusiv lizenziert an Springer
Fachmedien Wiesbaden GmbH, ein Teil von Springer Nature 2024
W. Stubenrauch, *Sicher anlegen statt sparen*, https://doi.org/10.1007/978-3-658-43493-9

Anhang

Eine Reihe von Berechnungen über die Renditen von Aktienfonds wurden mit dem Softwareprogramm FVBS professional durchgeführt.

Bildnachweis:

Abb. 7.1 Wasserhyazinthe: H.Zell/Wikipedia, ▶ https://de.wikipedia.org/wiki/Wasserhyazinthen#/media/Datei:Eichhornia_azurea_003.JPG (CC BY-SA 3.0)

Literatur

Ahlheim, Christine (2009): Aktuelle Umfrage: Deutsche wissen nur wenig über Fonds. 16.6.2009. https://www.deutsche-apotheker-zeitung.de/news/artikel/2009/06/16/deutsche-wissen-nur-wenig-ueber-fonds, Download 14.11.2023.

Allianz (2017): Wie steht es um Ihre finanzielle Allgemeinbildung? 27.1.2017. https://www.allianz.com/de/presse/news/studien/170127-finanzielle-allgemeinbildung.html, Download 7.11.2023.

Anger, Heike (2021): Finanzamt: Verzicht auf Steuererklärung bringt dem Fiskus eine Milliarde Euro. 9.12.2021. https://www.handelsblatt.com/politik/deutschland/finanzamt-verzicht-auf-steuererklaerung-bringt-dem-fiskus-eine-milliarde-euro/27857562.html, Download 22.11.2023.

Böhne, Julia Alice (2023): Top Ten der unsinnigsten Versicherungen. 20.4.2023. https://www.bdv-blog.de/versicherungen-verstehen/top-ten-der-unsinnigen-versicherungen.html, Download 26.11.2023.

Borse, Anna-Maria/Edda Vogt (2014): Börse Frankfurt. Fonds-Handbuch. Know-how für Ihr Investment. https://cms.boerse-frankfurt.de/fileadmin/PDF/Publikationen/Handbuecher/fonds_handbuch_02_2014.pdf

Börse (2023): MSCI World. https://www.boerse.de/renditedreieck/MSCI-World/XC0009692739, Download 15.11.2023

Bund der Versicherten (2019): Bund der Versicherten bestätigt private Rentenversicherung als unsinnigste Absicherung. BdV Pressemitteilung 27.6.2019. https://www.bundderversicherten.de/presse-und-oeffentlichkeitsarbeit/pressemitteilungen/bund-der-versicherten-bestaetigt-private-rentenversicherung-als-unsinnigste-absicherung, Download 26.11.2023.

Bund der Versicherten (2022): Ausstieg aus kapitalbildenden Lebens- und Rentenversicherungen. Infoblatt. https://versicherungscheck.bundderversicherten.de/_Resources/Persistent/2/a/a/4/2aa43d134a996ac66a3e7f29e5e628a2e216a684/1106_Ausstieg_k_LV_MG.pdf und https://www.bundderversicherten.de/lebens-und-rentenversicherungsrechner, Download 23.11.2023.

Bund der Versicherten (2023): Lebensversicherungen: 40 Jahre „Legaler Betrug". BdV Pressemitteilung 1.6.2023. https://www.bundderversicherten.de/presse-und-oeffentlichkeitsarbeit/pressemitteilungen/lebensversicherungen-40-jahre-legaler-betrug, Download 23.11.2023.

Business Insider (2023): Rente: Um auf 1200 Euro zu kommen, müssen Durchschnittsverdiener 37 Jahre lang arbeiten. 18.12.2023. https://www.businessinsider.de/wirtschaft/rente-so-viele-beitragsjahre-braucht-ihr-fuer-1200-euro-pro-monat/?xing_share=news, Download 18.12.2023.

Commerzbank (2003): „Bildungsnotstand in Finanzfragen": Commerzbank-Studie deckt erhebliche Wissensdefizite der Deutschen auf. 4.6.2003. https://www.presseportal.de/pm/6676/451748, Download 7.11.2023.

Destatis (2023): Sparquote in Deutschland im internationalen Vergleich mit gut 11 % überdurchschnittlich. https://www.destatis.de/DE/Presse/Pressemitteilungen/Zahl-der-Woche/2023/PD23_43_p002.html, Download 26.10.2023

Deutsches Institut für Altersvorsorge (2023): 1. Säule: Die gesetzliche Rentenversicherung. https://www.dia-vorsorge.de/fokus/1x1-der-altersvorsorge/die-gesetzliche-rentenversicherung/, Download 24.11.2023.

Dunkel, Boris (2022): Riester-Rente: Zahl der Verträge fällt auf unter 16 Millionen. 19.12.2022. https://www.ihre-vorsorge.de/altersvorsorge/nachrichten/riester-rente-zahl-der-vertraege-faellt-auf-unter-16-millionen, Download 24.11.2023.

FAZ (2007): Investmentfonds: Deutsche wissen über Fonds nur oberflächlich Bescheid. 10.5.2007. https://www.faz.net/aktuell/finanzen/fonds-mehr/investmentfonds-deutsche-wissen-ueber-fonds-nur-oberflaechlich-bescheid-1355981.html, Download 14.11.2023.

FFM-Magazin (2007): Thema Fonds: Tipps und Hintergründe. 21.11.2007. http://www.fmm-magazin.de/finanzen-mm.php?kat=71&id=595, Download 14.11.2023.

Finanzerfahrungen (2023): Finanzdienstleister in Deutschland im Überblick. https://www.finanzerfahrungen.de/finanzdienstleister, Download 9.11.2023.

Fondsdiscount (2014): Ende des Templeton Growth Fund. 12.6.2014. https://www.fondsdiscount.de/magazin/beitrag/die-wichtigsten-fragen-und-antworten-1314/, Download 13.12.2023.

Götsch, Antonia (2007): Die wundersame Geldvermehrung. Financial Times Deutschland, 18.7.2007.

Habschick, Marco/Evers, Jan u.a. (2008): Anforderungen an Finanzvermittler – mehr Qualität, bessere Entscheidungen. Studie im Auftrag des Bundesministeriums für Ernährung, Landwirtschaft und Verbraucherschutz. https://bdvm.de/wp-content/uploads/2019/01/bmlev_studie_finanzvermittler.pdf, Download, 9.11.2023.

Handelsblatt (2023): Teuerung: Inflation könnte zwischen 2025 und 2030 bei drei Prozent liegen. 11.12.2023. https://www.handelsblatt.com/finanzen/geldpolitik/teuerung-inflation-koennte-zwischen-2025-und-2030-bei-drei-prozent-liegen/100003039.html?utm_medium=sm&utm_source=Xing&utm_campaign=newsletter&utm_content=ne&utm_term=organisch&xing_share=news, Download 12.12.2023.

Hausinvest (2023): Investmentfonds: Alles Wissenswerte einfach erklärt. 6.11.2023. https://hausinvest.de/de/wissen/finanzwiki/investmentfonds-alles-wissenswerte-einfach-erklaert/, Download 14.11.2023.

Holzki, Larissa (2018): Geldanlage: Was ist der Unterschied zwischen aktiv und passiv gemanagten Fonds? 9.1.2018. https://www.sueddeutsche.de/geld/geldanlage-was-ist-der-unterschied-zwischen-aktiv-und-passiv-gemanagten-fonds-1.2035362, Download 15.12.2023.

ING (2022): 30 Prozent der Deutschen ohne jegliche Ersparnisse. 7.12.2022. https://www.tagesschau.de/wirtschaft/studie-ing-ruecklagen-101.pdf, Download 20.11.2023.

Kiyosaki, Robert (2002): Forever rich. Ihr direkter Weg zu Reichtum und Unabhängigkeit. München: Redline.

Klotz, Martin (2022): Kapitallebensversicherung: Versicherungen zum Sparen bringen wenig und kosten viel. 21.9.2022. https://www.finanztip.de/lebensversicherung/kapitallebensversicherung/, Download 8.11.2023.

Klotz, Martin (2023): Rentenfaktor: Diese Zahl bestimmt, was Deine Rentenversicherung später wert ist. 3.11.2023. https://www.finanztip.de/private-rentenversicherung/rentenfaktor/?utm_source=spiegel/, Download 24.11.2023.

Kränicke, Jörn (2022): 35 Jahre FMM-Fonds. 17.8.2022. https://www.fundresearch.de/fonds/35-jahre-fmm-fonds.php, Download 13.12.2023.

Literatur

Kunzel, Michael (2014): Weimarer Republik – Innenpolitik. Die Inflation. https://www.dhm.de/lemo/kapitel/weimarer-republik/innenpolitik/inflation, Download 21.11.2023.

Lowell (2023): Finanzbildung in Deutschland I Lowell DACH. 10.1.2023. https://www.lowellgroup.de/aktuelles-events/detail/finanzbildung-in-deutschland-lowell-dach, Download 7.11.2023.

Mayer, Thomas (2022): Notenbank lässt Inflation laufen. Top-Ökonom Thomas Mayer: „Dem Euro steht ein langes Siechtum bevor." Focus online 11.6.2022. https://www.focus.de/finanzen/boerse/rene_will_rendite/notenbank-laesst-inflation-laufen-top-oekonom-thomas-mayer-dem-euro-steht-ein-langes-siechtum-bevor_id_107955429.html, Download 21.11.2023.

Merkur (2023): Laufende Verzinsung von Lebensversicherungen steigt. 28.7.2023. https://www.merkur.de/leben/laufende-verzinsung-von-lebensversicherungen-steigt-zr-92353534.html, Download 31.10.2023.

Mrusek, Konrad (2009): Wirtschaftswissen: Die Jugend hat noch kein Krisengefühl. 7.7.2009. In: Frankfurter Allgemeine Zeitung. https://www.faz.net/aktuell/wirtschaft/wirtschaftswissen-die-jugend-hat-noch-kein-krisengefuehl-1829097.html, Download 7.11.2023.

Parkinson, C. Northcote (1984): Parkinsons neues Gesetz. Reinbek: Rowohlt.

Reents, Heino (2007): Investieren statt sparen. 17.6.2007. In: Die Welt (WAMS). https://www.welt.de/wams_print/article947604/Investieren-statt-sparen.html, Download 7.11.2023.

Rentencheck 24 (o.J.): Die Betriebsrente ist in Gefahr. Millionen Betriebsrentner müssen um ihre Rente fürchten. https://rentenbescheid24.de/die-betriebsrente-ist-in-gefahr/, Download 29.11.2023.

Rhetos (o.J.): Sparzinsen historisch. https://www.rhetos.de/html/lex/sparzinsen_historisch.htm, Download 26.10.2023.

Shiller, Robert J. (2000): Irrationaler Überschwang. Warum eine lange Baisse an der Börse unvermeidlich ist. Frankfurt/Main: Campus.

Sick, Helma/Schmidt, Renate (2019): Ein Mann ist keine Altersvorsorge. Warum finanzielle Unabhängigkeit für Frauen so wichtig ist. München: Penguin.

Siegel, Jeremy J. (2006): Langfristig investieren. Warum langfristige Aktienstrategien funktionieren. München: Finanzbuch Verlag.

Siegel, Jeremy J. (2007): Überlegen investieren: Warum sich die traditionellen Anlage-Strategien eben doch auszahlen. München: Finanzbuch Verlag.

Siegel, Jeremy J. (2016): Aktien für die Ewigkeit. Das Standardwerk für die richtige Portfoliostrategie und eine kontinuierliche Rendite. München: Finanzbuch Verlag.

Sill, Keith (2001): The Gains from International Risk-Sharing. Business Review Q3 2001, S.23-32. https://www.philadelphiafed.org/-/media/frbp/assets/economy/articles/business-review/2001/q3/brq301ks.pdf?la=en, Download 14.11.2023.

Spitzer, John J./Singh, Sandeep (1999): The Rule of 72. Association for Financial Counseling and Planning Education. Vol. 10 (1999), No.1, S. 89-91. https://papers.ssrn.com/sol3/papers.cfm?abstract_id=2473674, Download 14.11.2023.

Spiegel (2023): Mystery Shopping: Bafin testet Beratung bei Banken – und findet viele Fehler. 13.7.2023. https://www.spiegel.de/wirtschaft/service/geldanlage-testkaeufe-durch-finanzaufsicht-bafin-fehlende-pflichtinformationen-a-299a6c5c-52ee-4fcc-976a-d6f216746724?sara_ecid=nl_upd_1jtzCCtmxpVo9GAZr2b4X8GquyeAc9&nlid=spiegel-der-tag-11-00, Download 31.10.2023.

Statista (2022a): Anzahl der weltweit verwalteten offenen Investmentfonds in den Jahren von 2015 bis 2021. https://de.statista.com/statistik/daten/studie/219484/umfrage/anzahl-der-weltweit-verwalteten-investmentfonds-seit-2001/, Download 31.10.2023.

Statista (2022b): Garantiezins deutscher Lebensversicherer für abgeschlossene Neuverträge von 1986 bis 2022. https://de.statista.com/statistik/daten/studie/167936/umfrage/garantiezins-der-lebensversicherer-fuer-neuvertraege/, Download 1.11.2023.

Statista (2022c): Statistiken zur Lebensversicherung. 28.11.2022. https://de.statista.com/themen/612/lebensversicherung/#topicOverview, Download 8.11.2023.

Statista (2023): Geldvermögen der privaten Haushalte in Deutschland vom 1. Quartal 2018 bis zum 1. Quartal 2023 (in Milliarden Euro). https://de.statista.com/statistik/daten/studie/37880/umfrage/geldvermoegen-der-privathaushalte-in-deutschland/, Download 26.10.2023

Statista (2024): Beitragseinnahmen der Lebensversicherungen in Deutschland bis 2022. 2.1.2024. https://de.statista.com/statistik/daten/studie/6745/umfrage/beitragseinnahmen-der-lebensversicherungen-in-deutschland/, Download 3.1.2024.

Stocker, Frank/Barbara Brandstetter (2009): Finanzen: „Das größte Problem haben Gutverdiener." 2.8.2009. https://www.welt.de/welt_print/finanzen/article4240197/Das-groesste-Problem-haben-Gutverdiener.html, Download 12.12.2023.

Stubenrauch, Werner (2012): So schaffen Sie Vermögen. Der einfache und effiziente Weg zu mehr Wohlstand. Kulmbach: Börsenmedien AG.

Stubenrauch, Werner (2014): Praxisbeispiel Metallrente: Kosten fressen die halbe Rendite. http://meine-vermoegensbildung.de/praxisbeispiel-metallrente-kosten-fressen-die-halbe-rendite/

Tagesschau (2023): So entwickeln sich die Preise. 28.9.2023. https://www.tagesschau.de/wirtschaft/konjunktur/inflation-prognosen-101.html, Download 20.11.2023

Test (2006): Investmentfonds. Templeton Growth Fund: Die Legende. 12.12.2006. https://www.test.de/Investmentfonds-Unter-neuer-Verantwortung-1486941-1486999/, Download 13.12.2023.

Thieltges, Hans-Werner (2008): Versicherungen müssen ab jetzt alle Vertragskosten offenlegen. Print (WAMS), 29.6.2008. https://www.welt.de/wams_print/article2158158/Versicherungen-muessen-ab-jetzt-alle-Vertragskosten-offenlegen.html, Download 23.11.2023.

Thomsen, Jürgen/Wedekind, Philipp (2023): Der Franke und Bornberg Rentenfaktor-Check 2023. 22.2.2023. https://www.franke-bornberg.de/blog/wie-hoch-rentenfaktor-check-2023, Download 24.11.2023.

Veiga Pinto, Clara (2022): Welche Länder bei der Rente bereits auf Aktien setzen. 10.11.2022. https://www.fr.de/wirtschaft/rente-aktienrente-deutschland-vermoegen-fdp-schweden-norwegen-niederlande-grossbritannien-91904940.html, Download 21.11.2023.

Verbraucherzentrale Hamburg (2022): Lebens- und Rentenversicherung: Private Rentenversicherungen lohnen sich nur für Schildkröten. 28.6.2022. https://www.vzhh.de/themen/versicherungen/lebens-rentenversicherung/private-rentenversicherungen-lohnen-sich-nur-fuer-schildkroeten, Download 26.11.2023.

Voigt, Klaus-Peter (2022): Inflation ist die grausamste Steuer. 17.6.2022. https://www.bfbsh.de/inflation-ist-die-grausamste-steuer/, Download 1.11.2023

Welt (2023): Umfrage: Rund ein Drittel der Deutschen sorgt weniger fürs Alter vor. 5.10.2023. https://www.welt.de/vermischtes/weltgeschehen/article247799148/Umfrage-Rund-ein-Drittel-der-Deutschen-sorgt-weniger-fuers-Alter-vor.html, Download 31.10.2023.

Literatur

Zeit (2021a): Ein Mann ist keine Geldanlage. So geht Altersvorsorge für Frauen. Zeit online, 26.1.2021. https://www.zeit.de/news/2021-01/27/so-geht-altersvorsorge-fuer-frauen, Download 14.11.2023.

Zeit (2021b): Verbraucherschützer warnen: „Riester-Rente ist gescheitert." Zeit online, 7.9.2021. https://www.zeit.de/news/2021-09/07/verbraucherschuetzer-warnen-riester-rente-ist-gescheitert, Download 24.11.2023.

GPSR Compliance
The European Union's (EU) General Product Safety Regulation (GPSR) is a set of rules that requires consumer products to be safe and our obligations to ensure this.

If you have any concerns about our products, you can contact us on

ProductSafety@springernature.com

In case Publisher is established outside the EU, the EU authorized representative is:

Springer Nature Customer Service Center GmbH
Europaplatz 3
69115 Heidelberg, Germany

www.ingramcontent.com/pod-product-compliance
Lightning Source LLC
LaVergne TN
LVHW020347260326
834688LV00045B/1574